你的蜜糖
他的毒药

NIDEMITANG
TADEDUYAO

泡爸　泡妈/著

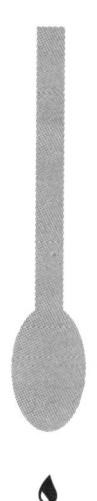

C|S K 湖南科学技术出版社

图书在版编目（ＣＩＰ）数据

你的蜜糖他的毒药 / 泡爸，泡妈著. -- 修订版. -- 长沙:湖南科学技术出版社，2020.3
ISBN 978-7-5710-0346-3

Ⅰ. ①你… Ⅱ. ①泡… 泡… Ⅲ. ①中小学生－家庭教育Ⅳ. ①G782

中国版本图书馆 CIP 数据核字(2019)第 230941 号

你的蜜糖他的毒药 修订版

著　　者：泡 爸 泡 妈
责任编辑：刘 英 李 媛
出版发行：湖南科学技术出版社
社　　址：长沙市湘雅路 276 号
　　　　　http://www.hnstp.com
湖南科学技术出版社天猫旗舰店网址：
　　　　　http://hnkjcbs.tmall.com
印　　刷：长沙市宏发印刷厂
　　　　　（印装质量问题请直接与本厂联系）
厂　　址：长沙市开福区捞刀河苏家凤羽村十五组
邮　　编：410013
版　　次：2020 年 3 月第 1 版
印　　次：2020 年 3 月第 1 次印刷
开　　本：889mm×1230mm　1/32
印　　张：5.5
书　　号：ISBN 978-7-5710-0346-3
定　　价：32.00 元
（版权所有·翻印必究）

泡 爸

知识童书作家。出于给女儿泡泡讲知识的原因，"不小心"成为作家，著有"让孩子着迷"系列、《大人孩子都能懂的时间简史》等知识童书。

"顺应天性的教育"思想创建人。已培训家庭教育辅导师逾千人，覆盖全国 100 多个城市。

了解更多知识内容和教育信息，请关注微信公众号"泡爸讲知识"、"顺应天性"。

序 preface

常有家长不满地说，为什么我的孩子，就不能像某某孩子那样，有这样的好，那样的好？

也有家长痛苦地说，我的孩子，为什么跟我那么不一样啊？我的优点，他都没有；我讨厌的缺点，偏偏在他身上。

更有家长痛恨地说：他的那些毛病，是我最不能接受的。无论如何，我一定要给他改掉。

家长想要自己期望中的孩子，这种心情可以理解。但是，人与人不同，天生的优势劣势也不一样，显然不适用于同样的标准。

孩子与孩子不同，孩子与家长也不一样。教育的出发点，应该是孩子的天性，而不是家长的喜好。

不同的人，方向不同，途径也不同，要求猪八戒像唐僧一样勤奋，要求孙悟空像沙僧一样规矩，不太可能，也没意义。反过来，也不能要求唐僧像猪八戒一样感性关怀，要求沙僧像孙悟空一样灵动活泼。

孩子不是白纸，每个人都带着天性禀赋降生。有人聪明、有人鲁直；有人大胆、有人小心。教育的作用，是激发优势、扬长避短。补短纠偏，则是最糟糕的教育。补短纠偏的教育，抑制长项，打击自信，制造纠结矛盾的性格，也为亲子教育的过程，增添种种矛盾和冲突。

如何做一个聪明的家长？怎样才能站到孩子的角度思考，给他顺应天性的教育？这本书期望提供一些方法，帮你认识禀赋天性的差异，了解孩子的思维偏好、优势劣势，掌握适合他的教育方法。

每个孩子都是天使，每个孩子都有优势。大大小小的成功，多来自优势的发挥，而非补起来的短板。

找出他的亮点，找准他的方向，每位家长都能成为孩子的人生导师，每个孩子都有机会走上优秀之路。

家长有不同
孩子也有不同

亲子教育的风格

亲子教育，选择哪一种理念，通常由家长的教育背景、个性特点所决定。

如果唐僧教育孩子，他一定对孩子要求颇高，要努力、要超越；

如果沙僧教育孩子，他会对孩子严格管理，强调纪律、规范和执行力；

猪八戒会对孩子说，别苦哈哈的，开心快乐最重要。成绩差一点也没事，咱不跟别人比；

孙悟空呢，他管孩子一定不严，会给孩子自由的空间，让他充分发挥想象力和创造力，大胆试错。

教育理念又是有流行性的。

曾经的中国，人人望子成龙，学习成绩排在第一位。如今，给孩子宽松空间，让孩子自由生长的理念正在成为主流。然而，

你的蜜糖
他的毒药

认识禀赋天性的差异，做聪明的家长

在美国这个自由式教育的榜样国家，虎妈的严管式教育却曾引发轰动。

中国有句古话：七岁看老。

七岁，孩子的禀赋特点开始真正展现。如果你有一个七岁以上的孩子，想必你已经发现，孩子身上显露出明显的优势、劣势。此时，你已走过"每个孩子都是天使"的养育时期，进入了"每个天使都有缺陷"的教育阶段。

如果你是一位爱思考的家长，不知你有没有想过这样一种可能：所有的教育理念都可能是对的，如果它被用在对的孩子身上；所有的教育理念也都可能是错的，如果它被用在错的孩子身上。

亲子教育，既不应该追流行，也不应该由父母的喜好决定，而应该从孩子的禀赋特点出发，给予有针对性的教育。让他的人生，既能得到价值发挥，也能拥有快乐和从容。

能不能？怎么做？

家长有不同　孩子也有不同

犯错的可能性

　　曾有一位爸爸非常困惑："我是一个严谨认真的人，我认为踏实勤恳是做人的准则。但我的孩子喔，就像一个孙悟空，马虎随意。我觉得这些毛病必须要改啊，可是，为什么，纠正他的过程，这么痛苦？他现在成天烦躁不安，非常讨厌我，还多次扬言要离家出走。我的准则，难道有错吗？我对他的教育，难道有错吗？"

　　爸爸的准则，用于约束自己，可能没有错。但是，以为这样的准则，适合约束所有的孩子，就有错啦。这位爸爸的问题在于：缺乏教育智慧。

　　从爸爸的角度出发，他以为付出的是正确管教，然而，孩子却不这样认为。一个渴望自由的孙悟空式孩子，他内心的准则和原则，跟沙僧式的孩子不一样的。他能做到的程度，跟沙僧式孩子也不一样。他的亮点，同样不在这里。爸爸的"改正和纠正"，在他看来，这是过度的捆绑和束缚。

这一案例，体现出两种思维模式的激烈冲突。

很多亲子教育问题，源自这种理念上的错位：家长的教育方法，只是从自己的内心喜好和思维定势出发，并没有考虑孩子的特点；家长给的，往往跟孩子的内心需求相悖。

孩子小的时候，反抗能力不强，错位教育的矛盾还不明显。

等到孩子长大，反抗能力增强，家长认识到问题，往往为时已晚。

文文是个女孩，今年6岁，刚上小学。文文妈妈对她的要求很高。

通常，一年级的老师考虑到孩子小，刚上学记不住，会把作业要求发到家长手机上。但文文妈妈不给文文看，她认为：没记住作业，一定是文文上课不认真。

老师要求家长辅导作业、检查学习，协助培养好习惯。但文文妈妈不管，她对文文说：上学、写作业是你自己的事，你必须自己做好。

因为作业做不好，学习跟不上，上学刚刚两个月，文文妈妈被老师叫到学校三次。文文妈妈只得赔笑脸，"绝对改正"。回到家，她教训文文：因为你上学的事，耽误了妈妈的时间，你必须自己调整好。

又过了两个月，老师"客气"地说：文文妈妈，文文学习的事，既然你不管，我也不会再找你了，让她自己多努力吧……

因为孩子的学习，这个家庭开过三次家长会，文文妈妈坚持己见，孩子奶奶被气得回了老家。

文文妈妈的高要求不仅在作业上。文文放学，常常要在深圳的大街上独自走 25 分钟，过马路、穿地铁通道，去妈妈的办公室。有人劝道，这样恐怕不安全。文文妈妈坚持说，这是锻炼，我已经教了她如何应付坏人。

类似的高要求还有很多。不得不佩服文文妈妈内心之强大，在坚定的信念指导下，不向任何"势力"低头。

但也忍不住有些担心：如果文文是一个唐僧式的孩子，有挑战自我的热情，长大后，她大概会庆幸自己童年时妈妈给的锤打锻炼。可如果她是一个猪八戒式的孩子，内心柔软敏感，渴望温暖柔情，长大后回想这段时光，她铭记的，会不会是"独自走在大街上的害怕无助"，以及"老师看到她又不交作业时，那不满又同情的目光"？她的童年里，会不会留下一段冷冰冰的缺爱记忆？

曾有人逼着 4 岁的孩子在暴雪里裸跑；也曾有人逼着 9 岁的

孩子蹦极，那孩子站在 80 米高的蹦极台上，哭得撕心裂肺、凄惨绝望：妈妈，妈妈，求求你，我不敢，我真的不敢……

这样的做法令人纠结，更让人忧虑，如果面对这些的是一个情感丰富、内心柔软的小孩，这种体验，将在他的内心刻下多么深的伤痕……

我一度以为，孙悟空式的教育是最好的，自由生长、自在发挥，这样教育出来的孩子，必然心境开阔，有创造力。当看到琪琪爸爸对琪琪约束很严，我曾忍不住，试图影响他，想让他认识到过于严格的教育不利于培养孩子的创新能力。但琪琪爸爸非常不以为然。

他说："我了解琪琪，她跟我一样，属于你说的那种沙僧式的人。我们这样的人，优势和长项在于纪律和严谨，想象力和创新能力是我们天生的弱项，补是补不起来的。所以，她的人生方向，不是成为马云、李白那样的人。"

"那她的方向应该是什么？"我问。

"强化纪律性，关注细节，成为自律又有执行力的人。"琪琪爸爸回答。

"做孔子那样靠自律取胜的人？"

"是，不一定成为孔子，但也靠类似的亮点取胜。"琪琪爸爸

家长有不同　孩子也有不同

说，"创新虽然重要，但不需要人人都成马云吧？阿里巴巴的董事会，不能都是马云这样的吧？"

听到这里，我快忍不住为琪琪爸爸鼓掌了。

"一方面，这是琪琪的优势所在，活在世界上，每个人总是要靠优势取胜的嘛。"琪琪爸爸接着说，"另一方面，你可能不了解，我们这种沙僧式的人，还有个弱点：没有主见，习惯服从。琪琪这个孩子，你不给她方向，不约束她，她反而会无所适从，不知道自己该干什么了。这样的小孩，管得不严，最容易被人带坏啦。"

"哈哈，我明白了，你的意思是，如果有个小沙僧被妖怪领去，他会很快变成一个兢兢业业的小妖。"我笑着说。

不得不说，琪琪爸爸的认识，有道理，够深刻。

放一个小孙悟空在虎妈家，这个家庭一定冲突不断、无法安宁。但沙僧式的孩子，放到虎妈家，肯定比被孙悟空式的家长教育，更利于激发潜能。

"逼子成龙"是不对的。但一个孩子，如果必须严管才能发扬天性优势、实现人生价值，或者说，严格细致的教育，能够激发优势和自信，能让他考上北大、哈佛，而自由放松的管理却只带给他一个二本、三本，甚至一无所成，或者步入歧途，走上错

你的蜜糖
他的毒药

认识禀赋天性的差异，做聪明的家长

误的人生道路，那么，松散的教育就是不适合的。

为什么那么多讲理念的亲子教育书，讲述成功教育的故事书，虽能让人读得心生感慨、跃跃欲试，但是，真去尝试的结果，却又觉得不那么适用，总好像在隔靴搔痒？

写到这里，我倾向于相信，原因是不同的孩子，他们的成长道路，适用的理念、方法，是不同的。而那些书，试图将一个理念、一种方法用于所有的孩子。对象错了，理念、方法虽好，却有可能南辕北辙。

我也意识到，狼爸虎妈的做法虽有效果，但显然不通用；温情温暖、自由生长的教育观念，虽然感人，若用错了孩子，也有可能误人子弟。

作为一个普通的家长，对于亲子教育的认识，我也是逐渐深入的。当认识到这一层，我的感受是：浑身冷汗！

我们根据自己的喜好、原则，所施予孩子的亲子教育，有没有可能，是与孩子的天性需求相违相悖的，而我们却浑然不觉，甚至自鸣得意？

那些青春期特别反叛的孩子，是不是因为童年时期无力反抗，却又必须忍受来自父母的错位管教方式，到了青春期，长久的积压终于一并发泄？

家长有不同　孩子也有不同

很多人长大后内心矛盾、纠结，无所作为，或郁郁不得志，是不是因为成长期没有得到顺势的教育，优势没发挥、劣势被夸大、方向被领偏呢？

✦ 泡泡缺乏一些规矩意识

小时候，泡泡的自觉意识、规矩意识很差，衣服、鞋子向来脱了就乱扔；吃东西的盘子、碟子，在哪儿吃完就扔在哪儿；随地乱坐、随手乱画。这些还好，都是小事，严重的是，做事也不自觉，该做的事，总要三番五次催着逼着才去做。好习惯养不成，坏习惯改不掉，一些小毛病，往往说 N 遍也不管用。她的脑子里，总是只装着她自己感兴趣、有热情的事。安排她做的事，常常遭遇她的抵触、不满。

泡妈是个重规矩的人，泡泡的这些问题，让她很崩溃，尤其把泡泡跟陶陶相比，她更觉得难以接受。陶陶是泡妈好朋友的孩子，那孩子规矩听话、稳稳当当，家长的要求，家长的安排，向来轻松接受，简单好管。

泡妈无数次打算把泡泡的坏习惯扳过来，方法是立规矩：比如在小黑板上写出明确的时间表；制定各种条条框框，什么可以

　　　　　　　　　　　　　　　家长有不同　孩子也有不同

做，什么不可以做，还有具体明确的奖惩条例，每天严格监督执行。

一开始，我也是这么想的，监督执行的事，我也干了不少。

但过程很痛苦，一家人都备受折磨。泡泡被这些规矩整得头疼，脾气变得暴躁。泡妈和我则为泡泡的抵触情绪烦恼，因执行难度之大而感到不安。

5岁时的一天，泡泡说出一句骇人的话："我不想要爸爸，也不想要妈妈，我想要自由。"

除了这些毛病之外，泡泡是一个有趣好玩、想法多、有灵气的小孩。泡妈给泡泡记了几万字的成长笔记，那里面记录着太多泡泡小时候搞笑搞怪的话和故事，每次阅读都能感到欢乐。

泡泡还是一个很有娱乐精神的小孩。她5岁时的一天，犯了某个一再重复的错误，我狠狠地训了她。训完，她一脸平静地说：老爸，你管孩子好严格啊。

这话真是令我羞愧，每次回忆这件事，我总想到一个场景：一个满脸怒气的暴君，面对一个盛装打扮的小丑。

后来，我的想法慢慢有了变化。我劝泡妈，有些小毛病就算了，抓大放小。她就是这么个孩子，不可能达到陶陶那个标准，老这么紧张，大家都累。泡妈比较听劝，管得松了。

泡泡爱画画，画风大胆，很有创造力。泡妈也很欣赏，常说，看这孩子画画，真享受，抬笔就画，想哪画哪，要是我，且得想半天呢。

但是，泡泡不重细节的毛病，也在画画上有所体现。这事，不只泡妈意识到了，连画画班的老师也这么说。

泡妈觉得，这样不好。画画时毛毛糙糙的，不重细节，是很大的毛病，得改。

改的过程中，泡泡有抵触，情绪还很大。

眼见俩人又开始较劲，我劝泡妈，五六岁的孩子，兴趣第一，万一逼得她没了兴趣，岂不更麻烦？听人劝，是泡妈特别大的优点。

后来，泡泡一直在画，而且进步很快。各种大奖小奖，拿了一堆。到 9 岁的时候，已经为我的几本书画了上百幅插图，还自己出版了一本卡通成语故事书。

更重要的是，她对画画的兴趣依然浓厚，连枯燥的素描都学得极有热情。当然，我和泡妈都清楚地知道，这臭孩子，如果再认真一些，出版的那些书，插图的精细程度还能够大大提高。她完全有这个能力，书中的很多插图，在细节方面，远不如她自己随便画着玩的那些画。因为，干别人安排的活，这孩子耐心差点。

　　无论对待大人还是小孩，很多时候是一样的，逼他，往往不如接受他。然而，接受是接受了，顾虑仍然存在，好习惯都是从小养成的，小事情倒还算了，画画可能是她一辈子的事，到底要不要盯住她的毛病，给她改过来呢？

◆ 家长的喜好

从幼儿园到小学，泡泡总有一堆朋友，这群孩子常在我家客厅里嬉戏打闹、"装神弄鬼"。

感谢他们，给了我难得的机会，认识家庭教育。

我对家庭教育的认识，是从观察家长开始的。我很早就发现，周围这些家长的教育风格，差别非常大。

乐乐爸爸很注意培养孩子自立、自强，对孩子的要求比一般家庭高，这位爸爸推崇目标化管理，对孩子的学习成绩、课外班表现都有目标要求。

东东妈妈正相反，这是一个充满温情、爱意的妈妈。提要求、定目标、督促上进的事，从来没有。而且，不管孩子有什么样的表现，总是鼓励、夸奖，很少批评。

媞媞妈妈的教育，是鲜明的放养式，管得松、规矩少，家长很随意，孩子很自由。

家长有不同　孩子也有不同

康康爸爸要严得多，什么该做、什么不该做，分得很清楚。玩到几点必须回家、哪件事在前哪件事在后，非常讲规矩。

为什么差不多的年龄、差不多的受教育水平，家长们在教育风格上会有这么大的差异呢？

全脑概念给了我很好的启发。

"全脑概念（Whole Brain Concept）"最早由奈德·赫曼博士提出。奈德·赫曼曾长期供职于美国 GE 公司，是一位成功的商务人士。如今，赫曼博士被人提及，则更多与他的"全脑概念"有关。

全脑概念的核心，是将人的大脑优势、思维偏好分成四个象限。

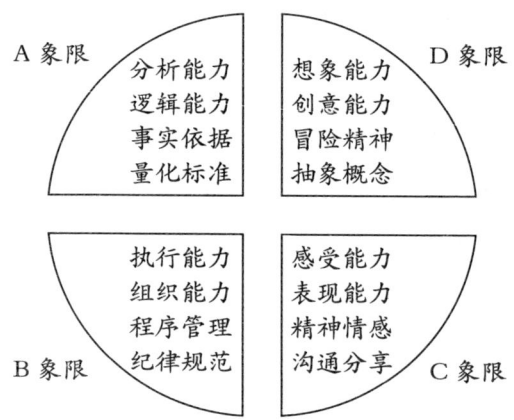

A. 左上脑：牛顿擅长的理性、逻辑、分析能力；

B. 左下脑：孔子式的规范、细节、执行能力；

C. 右下脑：戴安娜王妃擅长的感性、沟通、表现能力；

D. 右上脑：马云式的想象、思想、创造能力。

大脑优势不同，决定了每个人不一样的思维偏好和行事风格。

全脑概念最初用于商业领域，用来协调组织管理，强化人际沟通。在这个目标上，奈德·赫曼博士取得了相当骄人的成绩，多家财富 500 强公司使用了全脑概念以及在全脑概念基础上发展而来的全脑优势测评工具（HBDI，Herrmann Brain Dominance Instrument）。

有意思的是，全脑概念对大脑优势的划分，跟《西游记》里唐僧师徒四人的秉性，有着鲜明且一致的对应：

唐僧目标明确、不惧挑战，正是基于牛顿所拥有的理性、逻辑和分析能力；

沙僧严谨务实、恪守规矩，正是基于孔子式的规范、细节、执行能力；

猪八戒擅长于表现沟通，因为他有戴安娜王妃式的感性、感觉优势；

孔悟空自由灵动、天马行空，因为他有马云式的想象、思想、创造优势。

借助全脑概念去观察那几位家长，我发现，教育风格的不同，跟教育"主管者"的思维偏好有直接关系。

乐乐的爸爸是理性、坚定、牛顿式的爸爸，他鼓励竞争、挑战，对孩子有高要求，希望孩子有过人的表现；

东东则有一个温暖温情、戴安娜王妃式的妈妈，她注重感受，强调沟通交流，乐于分享，竞争心不强。

媞媞的妈妈是自由灵动、马云式的妈妈。她推崇放养，认为自由是创造力的来源；

康康的爸爸是务实细致、孔子式的爸爸，他强调细节、规范和执行，在他看来，管孩子就需要定规矩，好习惯要从小培养。

顺着这条思路，我得到这样的启示：几位家长的教育方式并没有优劣高下之分，他们所做的选择，是由他们的思维习惯所决定的。

然而，如果教育方式仅仅是由家长的喜好所决定，那么，不管他采用了哪种教育方式，不管他应用的教育理念有多感人或多流行，似乎都不足以给他掌声。因为，适合的才是最好的，孩子也有自己的天性。家长的喜好和选择，是否适合他的孩子呢？

　　一个家庭中，父母两个人的教育态度，父母与爷爷奶奶的教育方式，都可能是互相矛盾的，最终的选择，往往由最强势或最会讲道理的那个人决定。但是，谁来保证，这个最强势或最会讲道理的人，做的决定最适合孩子呢？

　　到 10 岁以后，教育结果的差异性显现出来了。康康爸爸管得严，康康的反抗却越来越强，不听话的时候越来越多，还老是在学校犯下各种各样的错误。相比之下，同样是被严管的琪琪，却没出现类似的问题。

　　东东妈妈态度温和、苦口婆心，东东那孩子却常常不管不顾、油盐不进，成绩不好又不爱学习，东东妈妈很是迷茫。可同样也在温情式的管教之中，另一个孩子小奥，却始终是老师家长都喜欢的乖孩子、好班长。

　　问题出在哪里？

　　看到这里，一些没有孩子或孩子尚小、教育经验不足的读者，可能会简单地以为，是家长出了问题，细节方法不对。

　　　　　　　　　　　　　　　　　　　　　家长有不同　孩子也有不同

我也曾这么想。多年前，在对亲子教育完全无经验的时候，老听一个朋友聊他儿子的教育问题，当时很有些烦他，先进教育理念一大堆，怎么还有这么多困惑？肯定是他自己有问题。教育，只要坚持原则，又适时调整，不走极端，不就 OK 了吗？

早有"教育家"说过，要"尊重而不放纵，关怀而不干涉，分享而不教导"。懂得这些，还有什么难做的呢？

但是，后来我发现，自己想当然了。是啊，要"尊重而不放纵，关怀而不干涉，分享而不教导"，可是，原则在哪里？标准是什么？"教育家"没说啊。不能提供原则、标准，用辩证法谈教育，结果往往是：公婆都有理，谁也不服谁。如果我拿这句话给上面那些家长看，他们一定都相信自己做到了，因为"标准"是他们自己掌握的。

所以，"教育家"的这句话，其实毫无用处。

如今，有了亲子教育经验，再加上对全脑概念的认识，我开始想：有没有可能是家长的思维偏好、教育思路跟孩子的禀赋特点没有对上，从而导致种种教育问题？亲子沟通出现障碍，有没有可能，家长孩子都没有错，所有沟通障碍都由认知上的错位而引发？

你的蜜糖
他的毒药

✿ 每个孩子都不完美

泡妈常常替泡泡担心，这孩子做事随性，身上零零碎碎的小毛病那么多，又不肯受约束，将来在社会交往、事业发展上，会不会很吃亏？相比之下，陶陶那样的孩子，多受欢迎啊。

泡妈想不到的是，陶陶妈妈对陶陶的担心，并不比她少。

"你别看陶陶这么服从安排，可我真没发现她有哪一项是发自内心感兴趣的爱好。她也不爱看课外书，学习倒是很认真，可也不能就学课本上那点东西吧？她吧，脑子还不够灵活，想法创意都少，未来可是创新时代，这孩子肯定处于劣势呀。还是泡泡好呀，爱看书、又爱画画，还有那么多主意，活得自由放松，多好！"

天哪，真想不到，一个年年被评三好学生的孩子，家长竟然对她有这些担心。

悠悠是个聪明的孩子，脑子好使，学习非常棒，老师常说，奥数最适合悠悠这样的孩子去学。不过每次班委选举，悠悠总是落选，老师解释说，悠悠这孩子虽然成绩好，可是有些太强势、爱较劲，沟通能力弱一些，也不太喜欢表现，对班级事务热情不高。这让悠悠妈妈有些失落，未来世界，沟通表现很重要呀。

在沟通表现方面，周围的一大群孩子里，小奥最受各位家长推崇。这孩子热情活泼、乐观开朗，登台表演、说话做事，向来大方得体。尤其难能可贵的是，他特别懂得如何与人相处，从幼儿园起，就没见他跟任何一个小伙伴起过争执。对于父母，小奥也比其他的孩子更懂得体贴关心，像小大人一般。上了小学，小奥一直是同学老师公认的好班长。说到这孩子，悠悠妈妈常常流露出抑制不住的羡慕。

可是，拥有这么一个讨人喜欢的孩子，小奥爸爸竟然也有苦恼。小奥爸爸觉得，一个男孩子，应该有竞争心，喜欢挑战才对，这孩子有点过于感性，不太勇敢，对竞争有抵触，学习主动性也不高。这些都让他担心，毕竟，这是一个充满竞争的社会啊！

每个孩子都不完美，每个孩子都有特点，才更显出因材施教的必要性。

两千年前，孔子最早提出了因材施教的理念，孔子的因材施教故事是这样的：

你的蜜糖
他的毒药

认识禀赋天性的差异，做聪明的家长

子路问："闻斯行诸？"子曰："有父兄在，如之何其闻斯行之？"

冉有问："闻斯行诸？"子曰："闻斯行之。"

公西华曰："由也问，'闻斯行诸？'子曰，'有父兄在。'求也问，'闻斯行诸？'子曰：'闻斯行之。'赤也惑，敢问。"

子曰："求也退，故进之；由也兼人，故退之。"

译文：

子路问孔子："合于义理的事，明白以后应该立刻行动么？"

孔子说："你的父亲兄长都在，不能如此冲动。"

冉有也来问："合于义理的事，明白以后应该立刻行动么？"

孔子说："那当然，不能犹豫。"

公西华（被孔子弄糊涂了）问："仲由来问，先生说有父兄在，不能冲动；冉有来问，先生却说不能犹豫。先生，您这是什么意思？"

孔子说："冉有懦弱小心，所以要激励他的勇气。仲由勇猛冒进，所以我让他谦退。"

孔子的因材施教，属于纠错型、补短式。

有毛病，改呗。

缺啥，那就补啥呗。

指出孩子的缺陷，说得他心悦诚服、努力弥补，作为教育者，很有为人师表的自豪感。

做家长的，意识到孩子的劣势，总忍不住充满热情地努力帮他弥补。

是啊，谁都不希望自己的孩子、自己的学生，有明显的劣势和缺点。

可是，这种补短式的因材施教，并不适合当下的时代。如今，社会分工越来越细，人生的成绩和成就，只能靠优势取得，而非补起来的短板。全才，往往沦为庸才。

孔子的教育，以培育"中庸"型人才为目标。他的教育思路，是先定出一系列规范，再把教育对象装进去，不吻合的，即是劣势和缺陷，教育的目的，在于削平拉长。

这种教育的侧重点，是"规范"，而不是"人"。

按照这种思路，如果孔子遇到李白，他大概会说，"不学礼，无以立"。小李，你得改一改天马行空的毛病。

如果孔子遇到爱因斯坦，他可能会说，这位先生，闷在书斋里是不可以的，你得走出去，多交些朋友啊。"三人行，必有我师焉"，"有朋自远方来，不亦乐乎？"

如果孔子遇到小学生姚明，他一定会说，"三日不读书，便觉面目可憎，语言无味。"只知道打球，成什么体统？"学而时习之，不亦说乎？""吾日三省吾身……"

小姚明如果脸皮薄一点，听完这话，一定羞愧难当，哪好意思继续打球，赶紧回到教室里，捧起书本，做思考状……

后来的 NBA 江湖，也就不会有姚明的传说。

举例有点夸张，但事实如此，特点都削平，那是中庸之道。

在多元竞争的时代，"中庸"无异于平庸。

无论怎样强调细节规范，李白也不可能像孔子一样严谨；

无论怎样激发想象创造力，孔子也不可能拥有李白的浪漫豪情；

牛顿再怎么努力，也不可能有戴安娜的感性及亲和力；

戴安娜无论怎么学，也学不来牛顿的科学理性。

从小的角度讲，如果不顾泡泡的抵触，强硬地要求她注意画画的细节规范，不但会打击她画画的热情，可能还会对她的大胆画风有所抑制，从而使她失去最大的亮点。

从大的范围看，如果有一个马云式的孩子，你却对他严管，加强他的纪律性、规范性，逼他跟别的孩子一样守规矩，教育就会错位。这样的孩子，需要自由宽广的空间，需要试错犯错的机会，新奇新鲜对他而言极其重要。把这样的孩子管死，不但扼杀

家长有不同　孩子也有不同

了他的优势，还将制造一颗冲突纠结、自我矛盾的心灵。他的人生，很可能被毁了。

仲由勇猛，不妨鼓励他去做需要勇气的事情，那是他的强项所在。压制他的勇猛，他就失去了一项人生优势。冉有懦弱小心，一定是个谨慎认真的人。这样的人，在某些注重细节的事情上，他的表现必然比别人好。做这样的事情，他一定能发挥长项。

孩子不是木桶，孩子是一棵树，他所能到达的人生境界，取决于树干上最长的那根树枝，而不是木桶上最短的那截木板。

孩子个性有规律

中国有句古话：三岁看大，七岁看老。

这句话很精准。观察身边的这些孩子，我惊讶地发现，正是从 7 岁开始，孩子们的不同禀赋特点、优势劣势，开始清晰地展示出来。

有的孩子特细心，有的孩子特粗心；

有的孩子特体贴，有的孩子特鲁莽。

深入观察，不难发现，孩子们身上的优劣势，有很强的规律性。

唐僧或牛顿式的孩子，从小脑子好使，学习能力强，肯努力、不服输，但这样的孩子，不太喜欢表演表现，也不太擅长体贴关怀。与之相反的，是猪八戒或戴安娜型，他们喜欢表现，热情热心，随和大方，他们有爱心，跟家人的关系也更加亲密，但这类孩子，勇气小一些，不喜欢竞争挑战，也不喜欢思考有深度的或逻辑性太强的问题。

沙僧或孔子式的孩子，听话好管，纪律性强，做事一板一眼，但这样的孩子，想象力和创意创造能力，通常要弱一些。与之对应的是孙悟空或马云式，这类孩子灵动活泼、有趣好玩、想象丰富、主意特多，但是，他们往往粗心、不重细节、不喜欢受约束，耐心和服从性都比较差。

孩子如此，成年人也一样。

如果你身边有一个逻辑性强、理性、对数字特别敏感的朋友，你会发现，他通常不喜欢温柔细腻的情感表达，也不太喜欢上台表演。与表演表现相比，他更偏爱竞技性、目标性的活动。在朋友圈里，他不是热情洋溢、关怀体贴那一类，而是冷静清醒那一号。

如果戴安娜王妃是这类人，她一定无法成为世人仰慕、散发无限魅力的"慈善天使"，理性思维会抑制她的感性表现。事实是，戴安娜王妃读书时，成绩平平，因为深入思考并不是她的强项，"遇有稍深的问题，往往困惑不解"。

如果你身边有一个想象丰富、创意无限的朋友，你会发现，规规矩矩地上班、谋生，对他而言是一件多么困难的事。与按部就班相比，他更喜欢无拘无束、率性而为。不用问，你完全可以判断出，读书时，他不是老师和同学眼里的好学生，因为他那样的人，成不了纪律典范、道德楷模。

如果马云是兢兢业业、踏实勤恳型的人，或许他还在杭州的某所中学里，当一个英语老师，或者苦哈哈地做着他的翻译社生意，以创新的模式做出阿里巴巴、淘宝、支付宝，可能是他想都不敢想的，因为规矩规范意识会限制他的创造力和大胆尝试的热情。实际上，马云并不是特别细致的人，也不是在大大小小的事情上都特别遵守各种规矩的人。

显然，鱼和熊掌真地无法兼得，每个成人、每个孩子身上，优势劣势总是对应存在。

人无完人，是有原因的，也是有规律的，这是人性的规律。

教育，是不是应当以尊重规律为前提呢？

不同思维偏好的孩子，天性优势不一样，所习惯的沟通方式也不一样。

孙悟空式的孩子，喜欢新鲜有趣的刺激。给他自由空间，鼓励他大胆尝试、试错创新，他一定如鱼得水。

沙僧式的孩子，正如前面所说，他需要家长给他方向指导，同时，他也愿意接受督促和约束。他是最能够感受纪律优势的孩子，过度自由，或者变来变去，他反而会无所适从。

大脑优势不同的孩子，体现自身价值的方式不一样。唐僧、牛顿式的人，学习能力出色、专业能力强，他的人生注定要靠深度和难度取胜。对一个唐僧式的孩子，确实可以对他狠一些，高标准、高要求，激发他的潜能，促使他达到更深更难的境界，取得领先。压力大一点、难度高一点，不是问题，这样的孩子喜欢挑战、敢于竞争。

相反，一个猪八戒或戴安娜王妃式的孩子，逼他是逼不出效果的，深度难度、理性科学，本来就不是他的"菜"。这样的人，感受力佳，亲和力强，他的人生，必然胜在沟通和表现。逼他，相当于不断强化突出他的劣势、弱点，打击他的自信，还会让他感觉"缺爱"。这样的孩子，需要温暖、温情的环境。爱和关心更能激发他的信心和热情，使他在沟通表现上的优势得以发挥发扬。

把人分门别类不好，每个人千差万别，谁都不是按标准制造的，每个人都是独特的存在，没谁愿意成为符号。

但分类型又是有意义的，大多数科学原理、规律性的认识，往往由分类型而来。人虽然千差万别，但也有很多的共性。人类的基因，相同点远远多于不同点。

有人天生冷静理性；有人天生热情奔放；有人守纪律、重规范；有人却生来天马行空，这些都是现实存在，源于天性的不同。

"因材施教"人人都懂，但很多人错将"材"理解为表象的"才"，只限于挖掘孩子的才华亮点，较少关注孩子天性上的优劣势；很多家长对孩子的禀赋特点认识不足，教育孩子仅凭感觉和个人喜好，或一些能感染和打动他本人的教育理念。

然而，教育没有回头路，家庭教育影响孩子一生，错一次则错一世。

在亲子教育的问题上，规律性的认识，能够让家长少一些自以为是，少一些感觉感动；多一些深入的了解，多一些对规律的尊重。

尊重教育规律，对于塑造孩子的未来意义重大。绝大多数的成功，都是在人生优势领域取得的，那些郁郁不得志的人，多是因为没能进入自己的优势领域，没有展现天性上的亮点。所以，找出孩子天性方向上的优势，发挥发扬，将他带入属于自己的优势领域，与补短补缺、成天较劲、制造纠结相比，更能给他快乐、有价值的人生。

规律性的认识，还有助于家长站到人性的高度认识教育：孩子的每一个不足，你都能找到对应的优势；孩子的每一处优势，你都能发现对应的不足。

　　　　　　　　　　　　　　家长有不同　孩子也有不同

自此，孩子的不足，带给你的不是失落，而是同情；孩子的优势，带给你的不是骄傲，而是荣幸。孩子的未来，你的心里，已有清晰的方向判断。

于是，每位家长都可以拥有足够的智慧，在孩子的成长中演好人生导师。大到人生方向、职业定位、高考志愿、交友选择，小到读什么样的书、报什么样的兴趣班，以及如何看待他的劣势、坏习惯、老毛病，全都有据可依。

针对性胜过理念

　　某个孩子，在跟其他小朋友一起玩的时候，常常抢别人的玩具。虽是一件小事，但如果家长处理时考虑到针对性，亲子沟通的效果会更好。

　　对猪八戒式的孩子，可以从感受的角度谈：孩子，如果你的玩具被人抢，你什么感觉？是不是不舒服？所以，你抢别人的玩具，他也会很难受的。这就是己所不欲，勿施于人，明白了不？做事要考虑他人的感受。

　　对唐僧式的孩子，可以激发他的挑战心理：孩子，看到好的玩具，每个小孩都想要，你也一样，但是，如果玩具是别人的，你去抢就错了。一个小孩，能忍住不做错事，不抢别人的东西，那是很棒的小孩、优秀的小孩。我会给你奖励的。

　　孙悟空式的孩子，不妨回家后跟他说：抢玩具很好玩的，咱俩来玩一个抢玩具游戏好不好？等你跟他的"抢玩具大战"结束后，再告诉他，游戏是游戏，但现实中，别人的玩具，不能抢。下次还想抢，回家咱俩玩。

沙僧式的孩子，重点讲规则，别人的玩具属于别人，你要玩，需要征得主人的同意。你的玩具也是一样，它属于你，别人想玩，也需要经过你的许可。这是一个小孩必须遵守的规矩。

唐僧那样的人，不惧挑战，追求卓越，钟情深度难度。这样的孩子，放到谁家养合适？

狼爸家。

狼爸够"狠"，属于典型的目标式管理。他的方式，能够逼出更高的深度难度，唐僧也是头脑清晰、目标意识很强的人，他会非常受用这样的结果。这也是唐僧必须有的结果，他的人生要靠自己的拼搏来奠定。

如果戴安娜王妃生在猪八戒家，这位老爸虽丑，却一定能让孩子感受到他的关爱和宽容，学到"对他人感受"的重视。这种温暖的环境、"有爱"的教育会让她更自信、更从容、更热情，更能发挥体贴关怀、沟通表现的天性优势。

马云那种想象丰富、创造力强的孩子呢？自然是孙悟空家。他们属于注重创意、创造的同一类型。孙悟空一定会对这孩子说，别怕错、大胆试，有啥想法爹都支持你，齐天大圣的儿子，

**你的蜜糖
他的毒药**

认识禀赋天性的差异，做聪明的家长

当然不走寻常路。

至于沙僧这样的孩子，必须放到虎妈家。虎妈是严格要求的典范，她有足够的热情对这孩子做督促管理，最终使他凭借自律和执行力取胜。沙僧式的孩子，如果摊上孙悟空这种天马行空的老爸，貌似轻松随意，却会让他无所适从、找不到方向。

放对了家庭，则家长所鼓励的，正是孩子的优势，孩子的优势能够得到发挥；

放对了家庭，家长孩子的交流，使用"同一种语言"，亲子沟通流畅自如。

但现实生活中，错配的情形很多。

一位朋友曾在酒后向我倾吐过他的困惑，中国人讲究孝道，对于父亲，他不敢有任何不敬，但他的内心，却对父亲毫无感情。

他一直觉得，小时候父亲对他的逼迫式教育，毫无亲情而言，父亲只不过把他当作自我实现的工具。如今的他，也没有如父亲所愿走上科研的道路，而是成了一名培训讲师。在培训讲师这个工作上，他表现优秀，因为他正是擅于沟通、乐于分享，同时很懂得体贴关怀的人。

看得出来，这是一个戴安娜王妃式的孩子，成长于狼爸式的家庭。

　　　　　　　　　　　　　　　　　　家长有不同　孩子也有不同

一个马云式的孩子，如果长在虎妈家，他很可能跟下面这个帖子的作者有同感。这条网络热帖，是南京某著名小学一位杰出校友对学校的控诉。

——在这样的环境下，一个再聪明活泼开朗的孩子，也会变得自卑、恐惧、胆小。

——或者说，这么多年来，我一直并且还将继续躲避各种形式的"名校"，努力追寻有自由有尊严的生活。

——最恨别人说什么"没有名校你就上不了南外，就上不了清华，你就没今天"这样的说法。历史无法假设，通向幸福有无数种岔道无数种可能，不是只有读名校这一条。唯一可以肯定的是，如果我不读名校，我会是一个更多快乐、更少焦虑、更加自信的人。

唐僧式的孩子，长大之后，适合做专业性的工作，他喜欢分析研究。如果把猪八戒关进实验室，他一定很不爽，相比之下，做与人沟通的工作，猪八戒会更有感觉。

一个孙悟空式的人，如果做设计创意，通常干得不错。很多成功的创业者，身上都有孙悟空那种冒险和探索的精神。沙僧稳重、自律、执行力强，非常适合做优秀的管理者，工厂企业、政府机关，离不开这样的人。

然而，如果缺乏对孩子的正确认识和引导，如果家长被各种流行的教育理念所误导，就很难保证每个孩子都能顺着思维偏好成长，未来进入自己的优势领域。

教育理念，从来都是有流行周期的，风靡流行的教育理念，往往带有强烈的时代色彩。当社会呼唤创新时，教育理念会偏向宽容自由，这样的土壤适于培养创新人才。然而，如果人人都去创新，社会将弥漫一股浮躁的气氛，那时候，人们又会呼唤务实严谨，教育理念则会偏向务实和执行力。

一个人的蜜糖，另一个人的毒药。

跟风肯定不对。适合的，才是最好的。有针对性的方法，比任何教育理念都有价值。

针对性的前提，是对孩子天性的深入认识。

家长有不同　孩子也有不同

读懂孩子
认识天性差异

🍀 天性有不同

不同的人，思维偏好不同，优势劣势也不一样。这就是天性差异。

这种差异，与生俱来，不可改变。

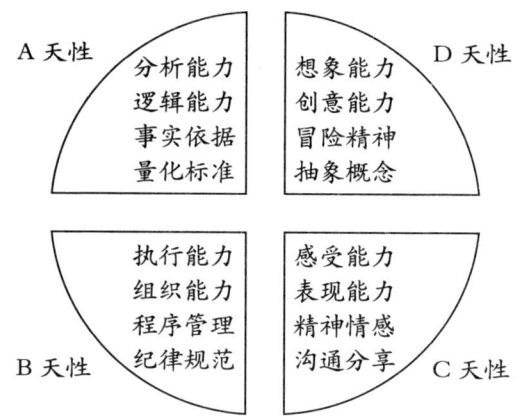

不同天性的人，正是生活中可以被轻易区分开的四类：

有人逻辑性强、有人感受力佳、有人执行力高、有人创造

你的蜜糖
他的毒药

性好。

对应到孩子身上，则是我们经常看到的：有的爱研究、有的重感受、有的很务实、有的爱幻想。

概念太生硬，来看各天性名人的例子：

投资大师沃伦·巴菲特是 A 天性，"他钟情于数字的程度远远超过了家族中的任何人。"对金钱的意识也很强，"从小就满脑子都是挣钱的想法，刚刚跨入 11 周岁，他便跃身股海，并购买了平生第一张股票。"巴菲特终生都在研究投资的方法和技巧，他的投资理念反对投机，而是"重点分析企业的赢利情况、资产情况及未来前景等客观因素"。

孔子是 B 天性，克制自律。肉不方不食，席不正不坐。对应该尊敬的人，孔子特别讲礼貌。见国王，必定弯腰低头，恭敬有礼。一天之内，只要哭过，孔子绝对不会再笑，他认为那样不庄重。孔子更是一个严谨认真的人，孔子跟老师学习弹琴，一连学习很多天，只学一首曲子，弹到非常熟练也不更换，直到深入领会曲子的内涵，感受到作曲者是什么样的人，才觉得满意。

戴安娜王妃是 C 天性，有爱心，善沟通，极具亲和力；她热衷慈善事业，终生关注病痛患者和弱势群体，尤其关心遭受社会冷遇的艾滋病患者；她从小就"很善良，对同学很友爱，愿意帮助人，每当她心爱的小宠物不幸死去，她都十分尽责地为它们举行葬礼"。认识查尔斯王子时，她在幼儿园当老师。

马云是 D 天性，充满冒险精神和改变世界的勇气，勇于听从自己内心的声音，敢做自己想做的事情。他还是一个极富创造力的人，擅于提炼概念，大胆创新。务实勤恳不是马云的优势，创新、思考、大局观，以及对未来趋势的把握，则是他的强项。私下的马云还是一个非常有趣的人，幽默，好玩。

名人有点远，再看一些通俗的规律：

一个典型 A 天性的人通常有打牌、下棋的爱好，他喜欢这类数字化、强调逻辑性、竞争意味强的游戏。他通常还喜欢一些具有科技性的物品和项目。相比之下，他对小说、电视剧的兴趣偏低，一个极端 A 天性的人甚至觉得"看小说看电视剧，简直是浪费时间"。他也不喜欢交际、表现。

C 天性与 A 天性相反，C 天性的人不喜欢打牌下棋这些竞争性的游戏，他对动脑子琢磨手机电脑的热情也远远低于面对面的聊天交际。从事演员这种表现型工作的多是 C 天性的人，一个好演员总是会说，"我非常享受表演"，这种乐趣 A 天性很难获得，正如一个典型的 C 天性很难理解打牌下棋的乐趣何在。C 天性爱打牌的人，通常都是为了这个能跟大家一起玩的机会，而不是输赢本身。C天性人还有一种天生的亲和力，一个圈子里，消息源和"润滑剂"通常由C天性人扮演。不过，当C天性的人电脑坏了时，被他想起来可以帮忙的，通常都是A天性的人。

典型B天性的人有点神经质、轻度强迫症，做一件事，必须做完做好，不能有细节上的瑕疵，不然心里不舒服。不干净、不整齐、不规范都会让他觉得别扭。一个乱七八糟的房间，一定不属于B天性的人。遵守纪律这事，从来是B天性做得最好。B天性的人上学时，通常都是规矩学生，上了班也是模范员工。不过，有时他也挺挑剔的，没办法，B天性的人天生有监督管理、落实规范的热情。想想孔子吧，上到国君重臣，下到学子凡夫，只要让他遇到，哪个逃得过他老人家的监督教导？

如果说B天性的人神经质，那么典型D天性的人简直就是神经病，不守规矩，不按常理出牌，不能受约束，说似懂非懂的话，做让人捉摸不透的事，喜欢表现得与众不同，当然也有人觉得这是艺术气质。D天性的人喜欢做实验，尝试新方法，更喜欢探险，去未知之境，他会因为好奇心太强不时吃点小亏，很多冒险家甚至为此赔上身家性命。一旦实验成功，需要长期执行，被他想到能来帮忙的总是B天性的人，所以，D天性的董事长常常给自己找一个B天性的总经理。

概括地说：

D 天性人爱玩、会玩，有点不太守规矩；

B 天性人最不会玩，但做事踏实。

D 天性人最有娱乐精神，喜欢开玩笑；

B 天性人则是人群中最不苟言笑的。

A 天性的人原则性强，多淡漠冷静，不爱扎堆；

C 天性的人好热闹，"情"常常摆在"理"之前。

C 天性的人也最有自嘲精神，面对批评，他最会打哈哈；

A 天性的人则不一样，他们常常把批评看作严肃的挑战。

对四类人的区分，也可以换一个角度，概括地说：

C 天性的人喜欢跟人打交道，A 天性的人喜欢跟"理"打交道，D 天性的人喜欢琢磨种种想法，B 天性的人喜欢研究具体的"事和物"。

读到这里，可能有人会问：天性只有四种么？为什么我身边的人，以及我自己，感觉无法用某种单一天性定义？

原因有二：

1. 虽然天性只有四种，但单一天性的人很少。绝大多数人的天性有主有偏，比如主 A 偏 D，主 C 偏 B 等（只有相邻偏，没有对角偏），而且偏的程度还有不同，所以会有差异。孙悟空是

你的蜜糖
他的毒药

认识禀赋天性的差异，做聪明的家长

纯粹的 D 天性，偏一点 A 的 D，就会比他严肃一些，而偏一点 C 的 D，则会比他温暖一些。不过，每个人都有主天性，主天性决定一个人的思维偏好，也决定了一个孩子所适合的教育方式。

2.天性是基础，我们看到的人，却更多来自表层的性格。天性是先天的，性格则是后天的，源自天性和成长期所受的教育。天性没有好坏，性格却有优劣之分。性格的形成，与天性和成长期的教育，有着清晰明确的因果规律。即什么样的天性，经由什么样的教育，一定会形成什么样的性格。如上规律，泡爸在另一本书《天性》里有详细论述。

四个孩子的优势长项

下面这个简单的场景里，四个孩子的不同反应很有意思：

婷婷、非非、悠悠、泡泡四个小孩一起筹划生日聚会。非非说，还是去吃自助披萨吧，去年吃得挺高兴的。时间也按上次定呗，还是晚上 6 点到 8 点。

婷婷问，我能不能带两个朋友来？我学大提琴认识了两个新朋友。

悠悠接话说，那个餐厅我上星期刚跟我爸我妈去过，还有促销活动呢，5 个人以上打 8 折，可惜我们是 3 个人，没打成折。这次要是 6 个人去，就可以打 8 折啦。

泡泡提议：吃完饭咱们再找地方玩会吧！披萨店旁边就有家卡拉 OK。唱完卡拉 OK，再来我家办一场时装表演。

婷婷立刻对卡拉 OK 表示赞同，好啊好啊，我那两个新朋友唱歌可好听了。

悠悠说，卡拉 OK 我赞成呀，听我爸说那家卡拉 OK 设备特别专业，还能无线点歌。问题是，唱完歌还时装表演，泡泡，你不累呀？

非非也反对说，泡泡，时装表演就算了，你妈不是嫌乱，规定一个月只能办一次吗？这还不到一个月呢。咱们就吃饭加卡拉 OK 吧，我觉得可以 5 点去吃饭，6 点 30 去卡拉 OK，唱到 8 点 30，你们说好不好？说着，非非又转向婷婷，你的那两个朋友，5 点到没问题吧？

对同一场生日会，四个孩子的关注角度完全不同。这种不同，源自他们思维偏好上的差异：

悠悠是 A 天性，重分析、讲逻辑，数字感比较强。这个天性的孩子通常以理性见长，做事有逻辑，表现得精明、"讲理"，有较强的学习热情。

悠悠的逻辑能力的确比一般孩子强。

《恐怖游轮》是一部有氛围、耐琢磨，而且超有逻辑的电影，被我评为神片中的神片。

看完神片，忍不住讲给别人听听，正如所料，身边不少人听不懂、不感兴趣。但是，想不到，悠悠竟然听得津津有味，看得出来，她很有兴趣思考这些情节。那年，她才 8 岁。

读懂孩子　认识天性差异

再问，又知道，悠悠学过奥数，她对学奥数既有兴趣，也很在行。是啊，奥数这种知识，正适合逻辑性强的孩子。

非非是 B 天性，有条理、重细节、仔细认真。这个天性的孩子通常重规范、守纪律、愿意按既定的程序和规章做事，踏实、认真，表现出比较强的执行能力。

非非是这一群孩子里最踏实的。让学琴就学琴，报什么兴趣班都去上，还都能做到好好学。学习上更是认认真真、踏实努力。为了考出好成绩，期末考试前，他竟然会缠着家长给他一遍一遍复习，直到家长都烦了。其他家长听说这事，都觉得匪夷所思。

作为品学兼优的好学生，非非看起来有点傲气。不过，这其实不是因为骄傲，B 天性人就这样，挑剔，太一般的他看不上。

婷婷是 C 天性，感觉敏锐、喜欢交流、善于沟通。这个天性的孩子通常更重直觉和感受，感情丰富，乐于分享，有较强的表现欲望和沟通热情。

婷婷在沟通表现方面能力出众。婷婷 7 岁时，某天来找泡泡玩，泡泡说起前一天去郊区，弄丢了特别喜欢的毛绒小驴，非常难过。婷婷说：那你一定很伤心吧？

这句话令我大为震惊，至今记忆犹新，因为这简直跟我在

MBA "Communication"（沟通）课上学过的沟通典范一模一样：站在对方的角度考虑。而它竟出自一个 7 岁孩子之口。

婷婷喜欢表演，孩子们自办的每一场"晚会演出"，婷婷都是绝对的主力表演者。她还拥有极高的亲和力，每到周末，她总是成为孩子们争抢的玩伴。在学校里，婷婷是班长。

泡泡是 D 天性，有想法、有创意，乐于尝试新鲜事物。这个天性的孩子通常更有想象力和好奇心，有冒险精神和创新热情，主意比较多。

泡泡的特点，主要是自由灵动。泡泡选衣服，基本只有一个标准：舒服。

泡泡画画，大胆随意。

泡泡喜欢在厨房倒腾，她会做相当多很萌的食物，但却并不是因为她喜欢做饭，那是冲着玩去的。偶尔也能弄些东西给我们吃，当然，得赶上她有兴致。而且，当她倒腾出成品，逼着我和泡妈吃的时候，可不管我们爱不爱吃。她喜欢一套练习各种实验的书，十几本，出一本买一本，里面的实验，但凡能做的，都一一尝试。

但对别人安排的事，泡泡本能地不喜欢。

非非也是班长。在小学阶段，不管是由老师任命，还是同学

　　　　　　　　　　　　读懂孩子　认识天性差异

选举，班干部大多是 B、C 天性的孩子。B 天性同学是表率级，学习认真、纪律严明，每个班级都不能少了这样的班干部。B 天性同学还颇有监督热情，这更是老师所喜欢的。

C 天性同学喜欢交流、关心他人，能理解老师的意图，跟同学也沟通良好，是天生的班干部材料。

在大家看来，A 天性同学稍微有点严肃生硬，也不太关心班级事务，还有些认死理，较起劲来，不容易说通。D 天性同学虽然有时也热情好动，但他属于人来疯，还散漫、随性，管不住自己。让 A、D 类同学当班干部，老师同学都不是很有信心。

有所长，必有所短

四种天性，没有好坏之分。

四个天性的优势，都是我们要的。因此，这些天性的劣势，也是我们必须接受的。这个世界里，哪一种天性都不可缺。地球缺了谁都转，但如果某个天性的人全都缺了，地球的转速一定变得不均匀。

缺少了 A 天性的人，人类认识世界的能力会严重退化；

缺少了 B 天性的人，正常的维持和运营将失去保障；

缺少了 C 天性的人，世界将变得冰冷，失去黏性和润滑；

缺少了 D 天性的人，人类的创造力会大打折扣。

社会发展的不同阶段，会产生不同的价值取向，这些价值取向直接影响到教育理念，使得教育理念总是带有流行和时尚的色彩。

曾经，人们强调要学好数理化，数理化是 A 天性的优势领域。风水轮流转，后来，人们倾向于强调沟通分享交流的重要性，这是 C 天性的优势领域。

如今，受创新思潮的影响，人们开始努力强调教育对创新的保护。有想法、敢创新的 D 天性成了宝贝。

风潮总是如此，一不留神就矫枉过正。如今夸人时最好听的话是"有想法"。"没想法"简直成了丢人的事，B 天性的人"踏实、认真"的优势，常常被人忽略。但实际上，哪个机构，如果没有 B 天性的人做执行，还能维持正常运转呢？如果没人抠细节、盯流程，这个世界得有多少隐患、问题，还能待么？

流行不能随便追，跟风，会让人迷失正确方向。

创业虽然极受追捧，但它确实更适合 D 天性；学奥数，则比较适合 A 天性里数学天分比较高的那一小部分孩子。

流行风潮会变，人性不会变，地球运转的规律也不会变。区别大脑优势的意义，不在于跟风，而在于坚持、发扬。因为，时不时兴，不影响优势的价值。

长项与短项，总是相伴而生。

一个刻板爱较劲的人，往往逻辑严密，有钻研的精神。但这类人不喜欢过于感性的表达方式，沟通和分享的热情偏低。

牛顿是这类人中的典型。

这位逻辑缜密、思路清晰的数学家、物理学家，人类历史上最伟大、最有影响的科学家之一，是 A 天性的人。

牛顿还是极端典型的 A 天性，严重缺乏对角线上 C 天性的沟通能力。

牛顿曾担任剑桥大学的数学教授，但是这位数学教授的课，却是内容深奥、表述不清，很少有人听得懂，教室里的学生总是稀稀拉拉。

牛顿终身未娶，晚年担任英国皇家学会会长时被人指责专横跋扈、鲁莽好斗、缺乏沟通，也跟他严重缺乏 C 天性有关。

还好，牛顿的价值不单单体现在做教授和管理上，否则，牛顿的人生一定不会很成功。

那个受不了约束的家伙，经常被人称赞思维活跃、想象丰富；但他很难适应等级严明的环境，无法接受流程性强的工作。

李白是这类人的典型。

汪洋恣肆、意境宽广、想象丰富、心境自由的李白，是 D 天性的人。

D 天性优势很强，则对角线上的 B 天性优势就很弱。李白的人生故事清楚地说明了这一点。在李白的年代，很可惜，人生"正途"只有功名一条路，以致李白终生为"功名"二字所困。

那时候的功名，就是官场。李白适合"混官场"吗？官场是秩序感极强的地方，显规则、潜规则，处处都是规则。要守纪律、要有等级意识，很大程度上，官场属于"B 天性人的业务"，特别不适合 D 天性人。

李白偏又是特别纯粹的 D 天性人，秩序感和规则意识严重缺乏，李白"混官场"，怎么可能有好结果？所以，旧的文学读本里，总是把李白的遭遇归因于官场排挤、权贵打压，未免偏颇。即便来到一千多年后的今天，李白的仕途也不会顺利畅通吧。

劣势与优势是相伴同行的，反之亦然。

A 天性的长项是发现问题，解决问题，他的心思确实不在表现上。而 C 天性正是因为不那么讲究逻辑条理，才更善于理解他人，才更有热情付出关怀。

D 天性的长项在于演绎想象、创意创造，他对规则规范的关注天生就少。同时，B 天性正因为不爱空想，才得以在执行上足够专注、值得信赖。

正所谓：虾有虾道，蟹有蟹路。

你的蜜糖
他的毒药

顺应天性的教育意义

顺应天性，让教育有规律可循。

认识孩子的大脑优势，有助于将他带入人生的优势领域。一个身处优势领域的人，自信、快乐、出成绩。相反，则错位纠结。

受就业机会、家庭传统，以及经验技能的限制，很多人最终没能进入自己的优势领域，只得在不擅长不喜欢的工作岗位上，不快乐、不如意地忍耐着。这样的例子，不胜枚举，相信每个人身边都有。

这样的错位，不应该再传输给下一代人。避免这种错位的最有效方法，是承认天性差异，认清大脑优势。

了解一个人的优势领域，就不会有错误的职业选择、没想明白的大学专业、错选的文理分班。

再往前推，培养一个孩子的兴趣爱好，帮他选择兴趣班，进行特长教育，也可以更有针对性。

读懂孩子　认识天性差异

与孩子的优势天性相吻合的兴趣爱好，应当着力培养；相反，与优势天性不相符的兴趣爱好，即便孩子表现出一定的技能优势，也应谨慎对待。

了解一个人的思维偏好，对有效沟通极具价值。

前面讲过，不同天性的人，青睐不同的沟通方式。用立规矩的方式，与一个 D 天性孩子沟通，会激起极大反感；对一个精明讲理的 A 天性孩子"动之以情"，往往如"隔靴搔痒"。

你还会发现，在朋友、情侣、同事合作等关系上，处于对角线相反天性的人，更加互补，关系更为稳固、长久。而在亲子、师生的沟通中，相同天性更容易取得认同，对立天性的沟通，则困难重重、麻烦不断、问题多多。

这一章的所有内容，后面都会展开来讲。

展开之前，让我们先看看顺应天性所带来的几点启示。

郎朗可以复制

有个很出名的"1 万小时学习法"：要成为某个领域的佼佼者，需要 1 万小时的学习。

1 万小时是什么概念？如果每天练习 4 个小时，学够 1 万小时需要不间断的 2500 天，约为 6 年 10 个月；如果每天练习 2 个小时，学够 1 万小时需要 5000 天，约为 13 年 8 个月。

提出这个方法的人，举了大量知名成功人士的案例加以证明。

从例证和分析来看，这是个基本可信的理论。

在中国，这种方法最明显的受益者，是郎朗。

郎朗从小按照父亲的要求疯狂弹琴，多到每天 8 个小时，他达到 1 万小时比别人早得多。绝大多数弹琴的人，没能在学习的黄金时期达到这一标准，有人甚至终生也没完成。

郎朗的父亲常说，郎朗是个案，不建议将这种教育照搬用于其他孩子。

读懂孩子　认识天性差异

不过，郎朗虽是个案，找到规律的话，郎朗也可以复制。

复制郎朗的前提，首先是找到一个 B 天性特质鲜明的孩子。

有 B 天性优势的孩子，服从性高、纪律性好，忍受反复枯燥训练的能力，天生比其他孩子强。能不能获得郎朗式的成功，这是最关键因素。

当然，这个孩子也要兼具某种技艺上的才华，尤其是乐器、体育、魔术等需要反复练习的技艺，天分基础还是有必要的。

最后，还需要一个虎妈那种足够严格的家长或教练，要狠得下心。

当然，要获得跟郎朗一样的成功，还需要机遇、客观环境等诸多因素。但只要如上三条全部符合，这孩子的成就完全可以预期，出类拔萃是一定的。

我读中学时，学校里有几个练体育的学生。早操时间，我们在操场上跑步，他们在另一角训练。他们的训练场地，常常传来"啪啪啪"的耳光声，我们知道，又有人偷懒，不好好练，被教练处罚了。

这种惩罚当然不好，但用它来当作优胜劣汰的方法，当时的确也是很直接有效的方法。学习体育项目，技能素质是基础，能不能忍受极致严格的训练，也非常重要。

然而，"1 万小时学习法"很难用在 D 天性的孩子身上，过度严格的管理，会遭遇 D 天性孩子的强劲反弹。如果孙悟空、李白、马云生在这样的家庭，这几个孩子，可能早就离家出走了。郎朗父子至今仍然保持着良好的亲子关系，除了要感谢老爸的"精心维护"，更要感谢郎朗身上良好的纪律感，以及遵守传统道德规范的优秀品质。纪律精神、规范意识，是 B 天性特别难能可贵的优点。

泡泡爱画画，潜质也还不错，如果她能早点画够 1 万小时，将来注定能在画画上有出息。但是，泡泡是 D 天性的孩子，B 天性人的优势正是她的劣势。对于这样一个纪律感、耐心、服从性"相当不明显"的小孩，1 万小时那种事，我只是跟她聊聊，从没想过让她试。有没有出息固然重要，惹出亲子矛盾来，我扛不起。

更重要的是，逆着天性的教育，有害于她的成长。

✿ 不可盲从李开复

李开复曾经担任微软、谷歌等公司的高层职位，后来成为创新工场的董事长，是一位成功的商界人士。他还是一位热心的青年导师，对于青年人的成长、家庭教育，他的建议、理念很有影响力。

李开复的教育理念，非常鼓励创新。在当下的中国，创新是社会的主流风向，因此，鼓励创新的教育理念，受欢迎程度很高，成为流行时尚。

但是，流行的，不一定是最好的；最适合的才最好。用错了对象，多流行的教育理念都可能是错的。

每个人都应去创新吗？

当然不是。

创新型人才有价值，但没有哪个机构可以只用创新型人才，因为一定无法运转。孙悟空可以跑来跑去、云里雾里，唐僧身边

你的蜜糖
他的毒药

认识禀赋天性的差异，做聪明的家长

还是得留一个兢兢业业、踏实可靠的沙僧来保护。

每个人都适应创新式教育吗？

显然，也不是。

创造和坚守是一对矛盾体，在一个人身上，想象力和执行力一定是此消彼长的关系。

创新需要想象力，创新式的教育，鼓励探索的热情，鼓励不断试错的勇气，鼓励方向上的反复调整。

但这些并不是 B 天性的爱好。拥有沙僧式思维偏好的人，想象力和探索精神都不是强项，他的强项和优势在于纪律性、规范性和执行力。鼓励他去创新创造，等于让他扔下西瓜，去捡芝麻。他得辛苦捡多少粒芝麻，才能顶上他扔掉的那个西瓜？

变来变去的做法，还会让他们无所适从，失去方向。他们的亮点和优势、他们更擅长的，是在既定的方向上坚持坚守。了解他，给他一个适合的方向，帮助他在这个方向上严格锤炼、精益求精，才能最大限度发挥他的人生优势。

创新之路，对他而言，是一条彰显劣势，甚至可能打击信心之路。

李开复有一条著名的微博：关于家庭教育的 8 个建议。

里面有一条建议说："和孩子打成一片，甚至和他一起胡说八

读懂孩子　认识天性差异

道。"如果你有一个 D 天性或 C 天性的孩子，这样做很容易，孩子也会很受用。可是，给你一个牛顿式的孩子，你觉得，要跟他打成一片，这件事容易做到么？沙僧、孔子式的孩子，会不会很享受跟你一起胡说八道呢？不着边际，可不是 B 天性人的偏好。

读虎妈那本书，可以看到，虎妈虽然严格，但她对待小女儿的方法是不一样的，她常常跟小女儿一起打闹、嬉戏，她给了小女儿更大的自由空间。显然，虎妈看到了小女儿的不一样，这是虎妈的可敬之处，她懂得有针对性地调整教育方式。

李开复的"理念"则缺乏这种针对性。在 B 天性孩子面前，保持适当的权威性，是非常有必要的，这样他才更有安全感、方向感。成天跟一个 B 天性的孩子胡说八道，他不但不受用，反而会在心里想：能不能正经点啊？

失去一个 B 天性孩子的尊敬和尊重，会被他看不上，失去成为他人生导师的机会。

同样在这条微博里，李开复还建议说，"不要过于看重成绩"。没错，过于看重成绩，会让一些孩子非常难受。然而，一个 A 天性的孩子，他的思维偏好已经决定了，他有竞争心，他愿意挑战深度难度。他的人生，也注定要靠深度难度取胜，毕竟，沟通能力、创造能力等，都不是他的强项。

你的蜜糖
他的毒药

这样的孩子，用成绩去激励他、激发他，是多么有必要的做法啊。有一个牛顿式的孩子，却告诉他成绩不重要，学习不用看得太重，那是在把他往相反的方向拉。要知道，一个 A 天性、牛顿或唐僧式的孩子，人生出不了成绩，将来他会很沮丧、很失落的。

李开复在他的微博里流露出对国考的"轻视"，"路漫漫其修远兮，今天考国考的同学，可以算算自己的日子了"。

泡泡长大后，我不会鼓励她去参加国考，这是因为，我知道她是 D 天性的孩子，需要自由空间，受不了规矩和约束。公务员那条路，不是她的方向。

然而，对于很大一部分 B 天性同学而言，公务员于他而言，是非常适合的人生坦途。他踏实、自律、务实，有执行力，能够做好公务员这项工作。发挥优势的同时，他也能从这项工作中找到乐趣和自信，以及他特别需要的安稳感。这种职位，如果给一个纪律性、规范性比较差，好奇心、想象力过于丰富的 D 天性人，很难想象，他能表现出足够的自制力，坚守职责又享受其中。

所以，李开复对国考的"不屑"，虽然在微博上获得诸多喝彩，然而，这些喝彩声，很多只是源于对所谓时尚观念的盲从。

虽然李开复的从者众多，但不分对象地谈教育理念，还是有误人子弟的可能。

读懂孩子　认识天性差异

宽容的意义

劣势不是缺点。

认识天性差异最大的价值之一，是让为人父母的我们，能够站到人性的角度看待教育。劣势人人都有，劣势和缺陷，是与生俱来的，孩子并不需要对这些劣势和缺陷负责。

或者说，这些劣势和缺陷，是他的痛，不是他的错。家长应该给的，是同情，而不是批评。

作为教育者，挑毛病非常容易，拥有话语权的教育者去批评，可以轻松做到"有理有据"。然而一个聪明的教育者，在认识到天性差异之后，也应该有足够的能力，在每一个劣势的背后，发现优势。

优劣势从来是相互对应的，有劣势才有优势，有优势必有劣势。

一个创意丰富的孩子，秩序性可能会差一些；一个逻辑缜密的孩子，情感不一定很丰富。这是大脑的规律、世界的规律。要享受他的创意优势，要欣赏他的缜密逻辑，就得接受相应的劣势。

你说，NO，我不在乎他的创意，不欣赏他的逻辑，我就要他纪律严明、感情丰富。那是你的问题，不是他的问题。解决办法只有两个：要么你换个孩子，要么你换换脑子。

或者，你说，我宁可牺牲一点他的创意，牺牲一点他的逻辑，只要能把他的劣势降低一些。有什么必要呢？世界上的孩子形形色色，哪种"配置"都有。你的做法，不过是用让你和他都痛苦的方式，把他从这一个，变成了另一个。谁能说，你帮他选择的另一个人生，就一定比他原本的更有意义？

每个人都需要自信，孩子尤其需要。

不自信的后果，是忽视自己的优势优点，夸大自己的劣势不足，对自己心生厌烦，不能与心中那个"我"和谐相处。

不自信，所有天性的孩子都有麻烦。

A天性的孩子不自信，会抱怨自己不够灵活，没有感染力。事实是，他的逻辑性和钻研精神对世界有着巨大贡献。

B天性的孩子不自信，会觉得自己不够灵动，没有创意。但他却没有意识到，他的执行力、耐心、恒心是别人比不了的。

C天性的孩子不自信，会觉得自己不够理性，黏黏糊糊。现

　　　　　　　　　　　　　　读懂孩子　认识天性差异

实则是，这个世界特别需要有爱心、有感染力的沟通者。

D 天性的孩子不自信，会觉得自己不踏实、不稳重。实际上，他完全应该相信，自己的创造力和艺术气质，其他人根本无法相比。

不自信的原因，通常来自于批评，来自于家长、亲友、老师对其劣势的强调。

认识到思维偏好的差异，应该让我们获得宽容的心态：走出自己所处天性的局限，宽容他人，宽容孩子的劣势和不足。

有人在微博里这样写道：

"公交车上有小孩在不停大声唱歌，我恨得牙痒痒。如果我有了小孩，他如此没教养，不用麻烦别人，我先一巴掌扇死他，再两巴掌扇死我自己。"

我猜，这一位可能没养过孩子，如果养过，则一定不是 D 天性或 C 天性的孩子，否则绝不至于言语如此过激。

这一位更可能是一个重规范、重纪律的 B 天性人，他对越矩行为有天生的厌烦。

然而，如果这位微博作者懂得天性差异，他或许能够意识到，这孩子敢在公交车上唱歌，肯定是一个心灵自由、想象力丰富的孩子。这样的认识，或许能给他宽容的心境。即使厌烦孩子在车上唱歌，大概反应也不会如此激烈吧。

对他人宽容，更要对自己宽容，每个人都得学会跟心里那个有缺陷的自己和平相处，从容接受自己的优势和劣势。

以己之长度他人之短，不是好事；有事没事地，以他人之长度己之短，更不是好事。

读懂孩子　认识天性差异

⬤ 不同天性的更多表现

　　C 天性的孩子往往更关心父母间的关系，他会问：妈，你是怎么和我爸认识的？这时，A 天性的孩子已经琢磨明白了：啊哈，原来孩子是这样生出来的。

　　在找到有趣好玩的词汇和描述方法之前，D 天性孩子不会主动谈论这些事。

　　B 天性孩子则是，即便偷偷知道了，也不会说出来，他本能觉得，这不是他应该关心的事。

　　这样的例子在家庭中，比比皆是。

　　在家庭空间里，四类孩子喜欢和擅长的事情很不一样。

　　A 天性孩子是学习控，爱挑战。家里买回来一台新的设备，让 A 天性孩子去试着弄明白如何操作，他的表现会比其他三类孩子都好。遇到一些诸如钱物之类有关数字的计算，他更是乐此不疲。他有数学头脑，玩逻辑推理游戏比较在行。他还喜欢跟人争执，不说清楚不罢休，争执的时候，他的条理看起来很清晰。不过，你也会发现，他在情绪的表达上，显得有点"愣"，很多时候，只知道自己说，不太注意"听众"的感受，像《大话西游》里的唐僧。

B 天性孩子是操心鬼，爱管事。B 天性孩子是整理杂物的高手，他自己的桌面向来干净。东西放乱了，让他清理，只要他愿意，总会干得不错。如果你让他帮忙制订一份时间计划，或者，将你的时间计划交给他，让他协助监督，他一定很高兴，他有按计划行事的强烈热情。这样的孩子，如果学习乐器等需要反复练习的技能，属于坐得住、耐得烦的那种。不过，不要总是指望他帮你出各种各样的主意，那不是他的长项。

C 天性的孩子是小大人，家里有一个 C 天性的孩子，不妨多给他表现的机会，在生人面前，C 天性的孩子不怯场，反而更乐于表演。家里来了亲戚朋友家更小的孩子，可以交给 C 天性的孩子去带，这种在 A 天性的孩子看来几乎是灾难的事情，C 天性的孩子会很乐于接受并且做得很好。C 天性的孩子对你很体贴，常常能说出很感人的话。不过，那些《每天一个逻辑游戏》之类的书，收起来吧，C 天性的孩子不爱读的。也别跟他讲太多道理，他希望得到的，是你的无条件支持。

D 天性的孩子是梦想家，最好玩，最有娱乐精神。跟 D 天性的孩子一起胡说八道，往往是一件很惬意的事情，他的想象力、搞怪本事能打动你。如果你在考虑怎样创造一道美食，甚至如何实现一个创意，不妨问问他。他还有很强的归纳演绎能力，会总结出一些让你觉得既有道理又好笑的"思想"。当然，有时你也会觉得他不如 C 天性孩子会说话、不如 A 天性的孩子有条理、不如 B 天性的孩子踏实。或者，担心他会不招老师喜欢。别担心，他的创造力足以弥补这一切。

下面这个有趣的小例子，可以用来测试一下你的天性判断能力：

上学路上，乙同学看到甲同学穿的衣服，很喜欢，走过去一通赞扬，强烈表现出对这件衣服的兴趣。最后，实在是因为太喜欢，乙同学竟提出让甲同学把这件衣服送给自己。

甲同学被乙同学的要求惊到了，第一反应脱口而出：这是我穿过的衣服呀，你怎么能穿我穿过的旧衣服呢？

乙同学继续热烈地说，没事呀，我太喜欢这件衣服了，你穿过我也不在乎的。再说，能穿你穿过的衣服，我还觉得很亲切呢。

虽然觉得乙同学有点夸张，但面对乙同学的热情，甲同学找不出合适的理由拒绝，于是答应把这件衣服送给乙。

丙同学听说这件事之后，口气里很有些瞧不起的态度：这也太厚脸皮了吧？怎么能追着要别人的衣服？

丁同学听说了这件事，反应与 B 同学差别很大：哈哈，太好玩啦！乙真有意思，以后她不用买衣服啦！这办法可比去商店买衣服更方便呢。

甲、乙、丙、丁 4 个孩子，思维偏好分别属于哪个天性？

乙同学情感丰富，善于沟通，有感染力，属于 C 天性。

甲同学理性，第一反应是合不合逻辑：穿过的衣服怎么可以送人？重逻辑的甲同学做事需要理由，既然找不到拒绝的理由，那就送吧，这是典型的 A 天性。

丙同学在乎规范，道德感比较强：找别人要衣服，也太……不像话了吧？B 天性的特征明显。

在丁同学眼里，这是一件好玩、新鲜、有趣的事。此外，丁同学还喜欢归纳演绎，属于鲜明的 D 天性。

思维偏好和行为特点，多为显性表现，易于发现、易于判断。

爱思考的、以理性见长的人，属于 A 天性；

擅表现的、以感性见长的人，属于 C 天性；

守规矩的、强于流程细节的人，属于 B 天性；

爱幻想的、优于想象创意的人，属于 D 天性。

两个孩子关在屋里，倒腾半天。终于，婷婷扮演的"老板娘"扭着出来了，那眼神、那步态，妖娆无比。看她表演，直笑得腮帮子疼。

婷婷和泡泡常玩"阳光餐厅"游戏，泡泡是厨师，婷婷是服务生，泡妈和泡爸是客人。这位服务生，一会儿化身和颜悦色的"微笑姐"，一会儿化身脾气很差的"咆哮妹"，有时又是不苟言笑的"冷漠姐"。上一段，是老板娘终于现身。

如此爱演的孩子，哪还用得着什么深入判断，一定是 C 天性啊。

下面这个例子，可以看到不同天性的孩子在同一件事上的不同表现：

那天的生日聚会玩得太疯，忘了复习，第二天，4 个孩子在班级测验里都考得很差，老师让大家把试卷拿回去给家长签字。4 个孩子又表现出了他们之间的差异。

悠悠这样想，回家得告诉我妈，错在哪里，怎么错的。这是 A 天性人的习惯，有逻辑、爱分析。

泡泡可没想那么多，她想的是：这次不算啥，只要我到期末考出好成绩，再拿个三好学生回家，我妈肯定高兴。这是 D 天性人的习惯，不拘细节，不重现在，更喜欢规划未来。

你的蜜糖
他的毒药

婷婷的想法则重沟通，她在琢磨：今天我妈情绪好不好呀？我该怎么说，才能让她的反应小一点呢？C天性的人从来如此，懂得在感受和沟通上想办法。

非非呢？为了下次能够考好，非非已经开始做练习题了。这正是B天性的特征，踏实，执行力强。

下个周末，学校有演出活动，要求每个班级出一个集体节目，老师让同学们自由讨论决定。

D天性的同学立刻参与创意，给出各种各样的想法。

A天性的同学听到这些想法，习惯性进行分析，哪些可行，哪些不可行。

当节目获得大家认可，B天性的同学开始了他的强项：琢磨细节、安排流程。

C天性的同学呢？C天性的同学正在想，他要在节目上怎么表现，包括要穿什么衣服参加这次演出呢。

学校的演出活动上，各位同学观察和注意的事项也是不同的，回到家，跟父母谈起这次演出时，他们说得很不一样：

A天性的同学重事实和分析：我们分两个组，一组跳舞，一组唱歌。唱歌组表现得特别好，节奏、声音都相当不错，我觉得台下的掌声主要是给唱歌组的。

B 天性的同学重秩序和规范：哎呀，好紧张，前面那个班的表演提前结束了，居然让我们早 5 分钟登台，有几个人还没准备好呢。我们唱的 3 首歌顺序还是不好，要是把后两首颠倒一下，就更好了。

C 天性的同学重感受和感觉：太棒了，我们舞蹈组的服装比唱歌组好看得多。我特喜欢那个化妆师，她对我们可好了。

D 天性的同学重归纳和想象：我们班这种舞蹈加演唱的表演最有感染力。不知道学校会不会派我们班代表学校去市里比赛，要是再好好练练，说不定去市里比赛，也能拿个奖回来。

对同一场表演的关注点，四类同学差异不小，却又合乎自然、顺理成章。因为每一个人都有自己偏爱的思维习惯，直觉会驱动他们从自己偏爱的角度记录、描述。对于落在他们偏好和优势领域内的事，他们的兴趣、热情和表现都会更好。而对于他们优势领域之外的事，情况则会有很大不同。

接纳差异
尊重规律

教育绝不是缺啥补啥

　　一个对人生有足够认识的成年人，当了解自己的思维偏好、天性优劣势之后，在坚持发挥优势的基础上，适当补缺，对自己的劣势做一些修补，以适应人际沟通、人生发展，未尝不可。

　　但是，一个尚未定型，对自己和人生都缺乏全面认识的孩子，生硬地给他补缺，则危害多多。"缺啥补啥"的教育，至少有五宗罪：打击自信、制造纠结、浪费时间、削弱优势、鼓励平庸。

　　音乐是泡泡的弱项，泡泡 5 岁的时候，泡妈曾经送她去学电子琴。泡妈当时的想法是，不管练得怎么样，多一点音乐素养总不是坏事。

　　但是泡泡在课堂上实在坐不住，看得出来，她对那课不感兴趣，学习提高得也慢。更重要的是，能感觉出，上音乐课，对她来说，有点受煎熬。

这个课，曾让泡妈和泡爸产生了一些争执，还上不上？争执后来上升了一点高度：一个孩子，到底要不要补劣势？

补技能的短，还是小事；不恰当地突出孩子天性之短，可不是小事。让一个 B 天性的孩子去跟 D 天性的孩子拼创意，让一个 C 天性的孩子去跟 A 天性的孩子拼逻辑思考能力，结果是什么？是怎么追也追不上的失败感。

把一个规范性不那么强的 D 天性的孩子，放到守纪律重程序的 B 天性的孩子堆里，再加上不恰当的批评和指责，这个孩子恐怕会以为自己是"怪胎"。因为他没有全面认识人生的能力，他看到的，是自己比周围这些人差如此之多。

一位家长或一名教育者，很容易准确地挑出孩子的毛病。

这孩子爱思考、有股钻研的劲头，但表现力不太足，分享热情不够啊；

这孩子纪律性非常好，可惜创造力、想象力欠缺啊；

这孩子感情细腻、表现力很强，但是不肯动脑筋、对自己要求不高呀；

这孩子想象力丰富，但是韧性和规范性差一点呀。

于是，家长们常常忍不住想：得补补弱项、全面发展。

这孩子数学不好、逻辑性差，上个奥数班补补，学了总比不

　　　　　　　　　　　　　　　　　接纳差异　尊重规律

学好；

　　这孩子创造力不太够，上个创意画画班，培养一下。

　　身边就有一位这样的家长，孩子数学不好，给他报了奥数班；孩子体育不强，给他报了强化游泳班；孩子想象力不足，又去报班学习创意画。孩子明明对音乐颇有感觉，却因家长觉得男孩子没必要学琴，停掉了他一度喜欢的小提琴课。而这孩子，恰恰又是一个比较"好管"的 B 天性孩子，比其他孩子更易于接受反复枯燥的训练。他原本很适合学习小提琴，甚至有可能在音乐上取得不错的成绩。

　　几年以后，这孩子明显比其他孩子显得平庸，看上去自信不足。这是因为，他的天性优势没得到良好展示，他的劣势却被不断强调。

　　补短尤其不能过度。

　　让一个 D 天性的孩子更专注一点、多一些纪律意识，听起来没错；

　　让一个 C 天性的孩子多一点逻辑性，增加一点科学精神，很少有家长会反对。

　　但是，如果给一个 D 天性的孩子强硬补短，整治他的纪律、条理性，在他的脑子里装入跟常人一样多，甚至比常人还多的规

你的蜜糖
他的毒药

范，他的探索热情、他的想象力必然大受折损，而这些，原本是他的优势。

在大家常常抱怨这个社会创新能力不足的时候，一个有创造力的孩子却已经在补短的过程中变得平庸了。

同样，给一个逻辑性不太好的 C 天性孩子强化他所不喜欢的奥数训练，不但产生不了多大的价值，反而会使他对自己的能力和优势产生更大的怀疑，抑制他在沟通交流上的热情。

不是所有的磨练都有价值。

要承认，思维偏好与生俱来，磨是磨不掉的。能磨掉的，往往只是表象。

很多人说，孩子有可塑性。但孩子的可塑性更因为他处于"绝对劣势"，没有"反抗能力"，"讲道理也讲不过大人"，只能接受家长认为"应当"给予的培养。尤其是那些"原则性强"的家长，他们的原则性，如果跟孩子的思维偏好对不上，实在令人担忧、恐惧。

很多时候，经过"磨练"，孩子在一些方面，看上去确实"不比别的孩子差了"，然而，他本应有的优势，"也不比别的孩子强了"。

思维偏好犹如大脑中的洪水，宜疏不宜堵。堵，其实根本堵不住，堵的结果，往往是在一些事情上堵住，却迟早在其他的事情上冒出来、制造伤害。如果在所有事情上都堵住，则一定伴随着心灵的压抑。

如果磨练时时伴随着抵触情绪，如果磨练有明显的矫枉过正倾向，如果磨练的是思维偏好相反的方向，那么，这种磨练很有"折磨"的嫌疑。很多时候，所谓的磨练，磨的只是形式和表象，以至于练出来的只是技巧和技能，留下的却是心灵深处的压抑，然后成为性格上的矛盾纠结和痛苦。成年人问题性格的根源，往往都在这里。

中庸之道已经过时。

真正的因材施教，是尊重"材质"的不同，激发各种材质的优势。而不是对不同的材质，施用不同的方法，却只是为了塑成同样的结果。孔子的因材施教，还没有到这一层。

孔子的教育思想，有伟大之处。但是，也得承认，它从一开始，就不适合所有的孩子。当孔子成为孔圣，当儒教成为东方文化的象征，背后却是千百年来，那么多不适合的孩子，受了苦、受了伤、受了罪。

有人可能会说，你不懂，那是博大精深的中庸之道。

在那个年代，缺啥补啥的教育法，可能是对的。那时候，人很渺小，个人的能量不足，体制、道德、纲常伦理，以及随便哪个被造的神明，都比人"大"。人，只有努力适应它们，才能保全自己。

缺啥补啥的中庸之道，首先是为了自保和生存，以防"尖锐易损、过长易折"。

然而，科技发展和文明进步，解放了生命，人的价值在一步步凸显。过去任由宰割的人、皇帝的子民，已经成为天赋人权的人；科技发展和文明进步，也解放了精神，曾经崇拜各种鬼怪神明的人，已经成为有能力认知自然、认知宇宙和认知自我的人。科技发展和文明进步，更将解放人性，从束缚和压抑，到人性化、个性化，再到真正的顺应天性、天性第一。

只要天性上的优势长项能够得到发挥，我们完全可以坦然接受自己的劣势不足；只有天性上的优势长项能够得到发挥，每一个人，才可以活得淋漓痛快。

全才是可望不可即的目标。

有人问：我家孩子的方向是 CEO、领导人，是不是必须全面发展？

不尽然。领导人、CEO，并没有必要成为全才。ABCD 四个天性的人，都可以做 CEO、领导人。不同天性的 CEO，其管理风格也会带有很强烈的天性色彩。一家成功的公司，CEO 的天性色彩跟公司气质通常是吻合的。

而且，一个优秀的 CEO、领导人，一个好的管理者，对人性的阅读能力、知人善任的能力、对取长补短的认识和利用能力，才是更需要的。

所谓"全面发展、样样俱全"，不但浪费精力，在多元的现代社会里难以实现，而且，往往会把孩子培养成没有亮点优势的人，少了每个人都应有的光彩。

请善待天性纯粹的孩子

前面讲过，绝大多数人的天性，有主有偏。但也有极少一部分人，天性单一纯粹。

天性有偏，会带来一些纠结（尤以右脑偏左脑纠结更多，D偏A，C偏B，其中D偏A最甚），但同时带来更好的适应性。单一天性的孩子，少了纠结，往往也显得很特别、很扎眼。气质太过鲜明，难以被教育者所接受。

李白是极具艺术气质的创造型天才，D天性优势非常明显。但是，他的自由随意，的确使他在那个年代里，无法通过仕途实现心中抱负。纯粹D天性的人，大多无拘无束、不着边际、不爱遵守规范。

牛顿是一个喜欢争辩的人，晚年的牛顿易怒、爱吵架，这是因为纯粹A天性的人，生硬艰涩、不擅沟通，竞争心过强。

单天性的人，在生活中招人烦，因为他们太过极端。

接纳差异　尊重规律

纯粹 B 天性的人，循规蹈矩、刻板挑剔、墨守成规、缺乏想象力。

纯粹 C 天性的人，缺乏理性、情感泛滥、黏黏糊糊、不够坚定、没有魄力。

过于鲜明的天性气质，往往不被理解，或者被看作极大的劣势缺点。

然而，气质鲜明更是一种才华，虽然这种才华往往被他的极端表现所遮盖。

格鲁夫说："只有偏执狂才能生存。"

同样可以说：单天性的人，是不可多得的人才，是上天给人世间的馈赠。

单天性的人，如果搭配良好的智力，他们就是天才。即使没有搭配良好的智力，在他的那个优势领域，单天性者也往往拥有超乎他人的能力。

很多大成就获得者，往往是纯粹的单天性人，并且在那个天性的优势上得到充分发挥的人。他们丰富了这个世界、丰富了我们的精神。

只是，他们常常受到传统的钳制。因为，传统思维是：过度啦？那纠偏吧。

D 天性气质太足，会显得纪律性很差、规范意识太弱。好，给他强化纪律训练，定严苛的规矩，错了重罚，不相信管不住他。实在不行，送到军队里去磨练磨练，学点规矩。

对吗？不对吗？对吗？难道不对吗？孔子对仲由和冉有，不也是这样做的吗？

前面讲过，孔子要的是中庸。在孩子的成长阶段，强调中庸，无异于鼓励平庸、扼杀天性。

如果带着纠偏的心态，几乎每一个人都有可纠之处，任何一个天性的优势，几乎都对应着另一个天性的不足。例如，牛顿有沟通障碍，李白极不务实，莫言自称是科学白痴，鲁迅略偏尖刻。

人人都有缺点，越是才华横溢，越是缺点明显。人人都被纠偏，世界将平庸不堪。

比纠偏更好的方式是：帮他释放。

怎样释放？

帮他找到一个真正感兴趣的、健康的、积极的，或者，哪怕只是无害的事情，给他释放空间。

某个孩子，成绩不好，破坏欲望却很强，总在学校里惹是生非，令学校和家长都头疼不已。终于，有一天，家长意识到，这孩子的行为来自于他无法满足的好胜心，考试学习不是他的强项。

怎么办呢？既然这孩子足球踢得不错，那干脆送去足球学校吧，足球，是一个非常纯粹的竞争项目。

这位家长用的，就是释放的方式。

每种天性都有释放空间：

A天性的孩子，可以给他一个需要努力、突出竞争的项目；

B天性的孩子，不惧怕严格的纪律和反复训练，由此获得的成绩反而会给他信心和乐趣；

C天性的孩子需要情感上的宣泄和表现表演的舞台；

比较极端的D天性的孩子，不妨考虑让他在破坏中创造。

疏则通。当他的极端在某件无害的事情上得到宣泄，在其他的事情上，这种倾向带给他本人和他人的伤害，就会变小，乃至不再有。

正确而有益的释放，也是一种培养，这种培养甚至有可能奠定他未来的成就。

李白、牛顿的成就，跟他们天性上的优势释放不无关系。

拥有一个单天性的孩子，与拥有一个智商特别高的孩子，意义几乎等同。他有劣势，但他的亮点一样突出。只可惜，遇到单天性的孩子，传统教育体制、传统教育思路所带来的，往往是家长老师们脑子里那种补短的思路、纠偏的念头。这念头如此强烈，以至于难以控制。

这样的做法，导致大多数单天性的孩子，不得不在批评和指正中成长。而一个孩子，不可能具备对天性的"全局性"认识，他会不自觉地，在内心深处，将自己看成"问题"小孩。既要面对天性的强烈需求，又要进行自我否定，从而备受纠结矛盾之苦。

因此，天性单一的孩子更需要被善待。对于单天性的孩子，家长的引导和帮助也更有价值。找到他的兴趣点，引导他在优势领域成长发挥、扬长避短，用优势遮盖劣势，对他的人生意义非凡。

四种天性的优势领域

前面提到过：

笼统地说，C 天性喜欢跟"人"打交道；

A 天性喜欢跟"理"打交道；

D 天性喜欢"想法、思想"；

而 B 天性喜欢具体的"事和物"。

举职场的例子，非常容易理解：

一家高科技公司里，技术研发是重头，技术研发部肯定以 A 天性的人为主，他们喜欢量化数据，有钻研琢磨的热情。这家公司的行政人事部门，则更多是 B 天性的人，B 天性的人才更乐意且善于做日常性、流程性、监督管理类的工作，并且足够耐心细致。

产品设计的部门呢，以 D 天性的人为主，产品设计里有很多创意性的工作，需要有想象力的人来做。如果这家公司还需要招几个培训讲师的话，则是考虑 C 天性的人的时候了，因为 C 天性的人沟通分享的热情更高，适合做辅导教育类的工作。

天性和思维偏好，与生俱来。虽然后天所受的教育、学习和训练会对行为习惯，乃至性格有所影响，但天性和思维偏好不会改变。学习、工作、家庭沟通以及社会交往之中，天性差异始终在我们的大脑里坚定存在，然后清晰地表现出来。

一个 C 天性的人做了护士，她通常做得很好，因为她在感受、沟通上有优势；但一个 A 天性的人，在护士岗位上，则会时时感到压抑。

一个 B 天性的人选择了创意类的工作，会常常感觉力不从心；同时，那个 D 天性的人，正恶狠狠地想砸了面前那台必须为谋生而重复演奏的钢琴。

不难想象，如果戴安娜王妃被关进实验室做科研，她会表现出什么样的状态；同样，如果牛顿不幸当了演员，这份工作他会做得如何。

A 天性的人重逻辑思维和事实分析，如果让他去当侦探，查找蛛丝马迹，用严谨的逻辑思考推理分析，那应该还不错。很难想象，如果让一个不擅长逻辑推理，却钟情沟通表现、感情丰富的 C 天性的人去做侦探，他能做成什么样。这样的案例我们倒是经常在电影中看到，那是为了以反差营造喜剧效果。

D 天性的人长于想象和创造。奇思妙想、发挥创造，艺术创作正需要这样的人。想一想，如果让一个注重程序细节的 B 天性的人去写科幻故事，他的科幻作品会有多少人愿意读？

对优势领域的划分，可以帮助不同天性的人做职业选择。同样，也适用于不同天性孩子的未来规划和教育培养。而且，用在孩子身上更有价值。

找到孩子的偏好和优势，选择正确方向，能够在孩子的教育和培养上取长避短、少走弯路、少碰钉子、节省时间。

很多成年人，没能取得想要的成功，常常归罪于自己身上那个总是被人批评的缺点，以为那个缺点阻碍了自己的发展。但更大的可能是，他过于在意那个缺点，脑子过多地聚焦在劣势上，而没能最大限度展示自己的优势；或者为了掩饰那个缺点，他不自觉地收起了与那个缺点对应的优势强项。

比我们成功的人，缺点毛病都比我们大。

认识这一点，对于培养和教育孩子，有极大的意义。

报什么样的兴趣班

泡泡 6 岁的时候，有一阵子，流行玩滑板，泡泡也要玩。

泡泡练滑板的样子很笨，看得我和泡妈很着急。几天之后，俩人不得不备受打击地承认，这孩子没有多少运动天赋。

练得不好，泡泡不再喜欢滑板。还没学会，不练了。

这让我和泡妈很是恼火：你要买的，你都不学会它？滑板又不是多难的东西，其他孩子都会了，你看婷婷，滑得多好。

泡泡还是坚持不练，怎么沟通都不练。

我想了一个恶狠狠的办法，对她说："好吧，不学就把滑板收起来，但是，以后再要买类似的东西，你就必须先把滑板找出来学会。不然，不给买。"

泡妈赞同，我也挺得意，觉得自己这办法不错。

还好，后来这个办法没有施行，因为泡泡找到一个理由，她说，我妈给我买的滑板太大了，太难练。婷婷的小滑板，就很好

接纳差异　尊重规律

学，而且，婷婷试过我的滑板，也说难滑啊。

再后来，懂得天性差异之后，我非常庆幸滑板这事的解决方式，没有按我那个恶狠狠的办法来。

孩子还小，太多事不懂，即便对自己，也做不出清晰明白的判断。跟一个孩子盲目地讲原则、谈理念，多不公平呀。

"你自己选的啊，要学就得学好。"谈话双方明显处于不对等的位置上，判断力不对等，地位也不对等。家长过于坚定地执行某种自以为是的理念，对孩子往往是一种或大或小的折磨，也影响他未来做判断、尝试新鲜事物的勇气。

作为家长，岂不是更有义务、也应该有能力，辨识孩子的优势和弱项，帮助他扬长避短。

天性决定了一个孩子的优势和兴奋点：

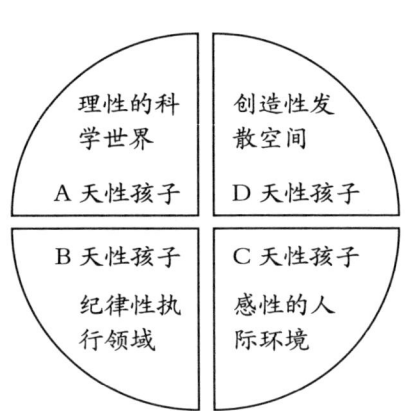

一个 A 天性的孩子，学奥数的效果会明显强于其他三个天性。给他报个科学性质的兴趣班，也是很好的选择。表演类的活动，不管属于什么性质，如果他不喜欢，实在没有必要强迫。

你的蜜糖
他的毒药

一个 B 天性的孩子，非常适合学习一种需要精益求精、强化练习的技能。练习乐器、书法，以及一些拆装机械类的事情，都比较适合他。补补他比较缺乏的创意能力好不好？意义不大，因为事倍功半，或者，"事" N "倍"，"功"却不到"半"。

C 天性的孩子，有爱心，喜欢交流，适合多参加一些沟通性的社会活动，如果他有表演或交流上的才华，应该鼓励他充分发挥，这些才华加上他的表现能力，很可能奠定他未来的成功。奥数班就算了，通常而言，学好课本里的数学，对 C 天性孩子来说更重要，也足够了。

D 天性的孩子，如果表现出对艺术的兴趣，一定要鼓励培养，艺术气质是 D 天性与生俱来的优势。他还有着强烈的好奇心，多尝试新鲜事物，多一些对未知世界的探索，对他是非常有意义的事。

适合不同天性孩子的兴趣班类型：

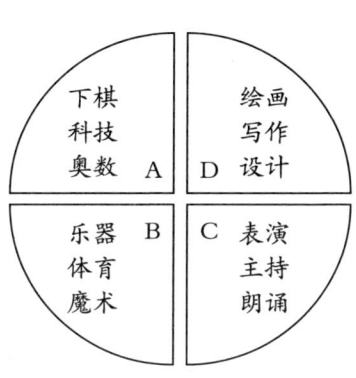

7 岁的时候，泡泡特别想学吉他，热切的样子，真让人不忍拒绝。但我清楚地知道，泡泡的乐感不好，她没有多少音乐天

接纳差异　尊重规律

赋，表演更不是她的"菜"。

虽然那时候还不了解天性差异，但以我对泡泡的了解，我知道，泡泡并不是一个能够轻松接受枯燥训练的孩子。直觉告诉我，让她在这件不擅长的事情上反复练习，没什么价值。学吉他的时间，还不如用在疯玩，或者她真正喜欢的画画上。

但是，对于没让她学吉他的这个决定，有时我想起来还会犹豫，这个决定对吗？是不是应该给她更多尝试的机会？有没有违背某些正确的教育理念？

后来，终于，对天性的认识告诉我，那个决定是对的。

泡泡是 D 天性的孩子，忍受枯燥训练根本不是她的能力范围。音乐本不擅长，再去做难以忍受的反复练习，不但没有意义，更严重的是，还会带给她挫败感。

再后来，泡泡告诉我，她当初想学吉他，只是因为她觉得弹吉他的样子好看。

显然，她想不想学，跟她适不适合以及是否真正感兴趣，并没有太大关联。也就是说，这么小的孩子，她的决定，不一定适合她自己。

孩子有误判很正常，我们大多数人，也时时有误判。即使上了大学，即使上了班，即使工作很多年以后，误判同样反复不断发生：自己想要的不一定适合自己，某些兴趣爱好只是受人影响、追逐潮流、附庸风雅、叶公好龙。除了兴趣爱好，有时对人生的选择、对人生目标的判断，也会出错。

正确引导孩子的兴趣，作为家长，是必须承担的责任，哪怕将来后悔、受埋怨。毕竟，家长的判断能力比孩子要强。而对天性差异的认识，正有助于提高这种判断力。

如果一个孩子所表现出的技能和兴趣方向，跟他的天性优势趋于一致，那么这个技能和兴趣，应该被大大鼓励，这是他的"菜"。

比如，一个 A 天性的孩子喜欢上了科学；

一个 B 天性的孩子对某种乐器感兴趣；

一个 C 天性的孩子恰好有表演的特长爱好；

或者，一个 D 天性的孩子喜爱画画。

这是天大的好事，值得大大鼓励，在这样的方向上培养孩子，其效果事半功倍。

而那些既不是孩子爱好，又不在天性优势内的兴趣班，绝不应该只因为家长的兴趣而"强制推行"。在不正确的方向上，错误使用"家长权力"，不但对孩子很不公平，也可能引发显性或隐性的反抗。

❖ 选什么样的职业

前面高科技公司的例子里提过：一位聪明的领导者，会把技术研发类的工作交给 A 天性的员工，把流程管理类的工作交给 B 天性的员工，把关怀辅导类的工作交给 C 天性的员工，把创意设计类的工作交给 D 天性的员工。

这样的安排顺理成章，结果令人放心。

概括地说：

A 天性学理，C 天性学文，B 天性学工，D 天性学艺术，很合适。掌握针对性，入错行的可能性会大大降低，人生可以少走很多弯路。

为什么很多人的人生常有不得志或不畅快的感觉？很大程度上，是因为他一直做着不擅长、不喜欢的工作。他所在乎的，也是他必须在乎的，是技能优势、就业机会、工作饭碗。

社会在进步，人性需要更大限度的解放。而人性解放的前提，是选择自己喜欢的、有兴趣的、适合的。在工作方面，选择不讨厌、得心应手的，而不是仅仅为"稻粱谋"。同时，这样的选择，在最终成就上，也会有更大的回报。

一个 A 天性的孩子，别让他去做那种需要倾注爱心的职业和工作，也别让他进表现型的领域，他太理性、太冷静，不够放松。

一个 C 天性的孩子，则应该首选那些表演、表现、交流、辅导、教育、沟通的工作，当演员、做主持人，比做律师、财务等专业性的工作，更合适他。

一个 D 天性的孩子，尽量别让他考公务员，那个领域的秩序感对他是莫大的压力。做了那种工作，他不但压抑，还可能混不好。

一个 B 天性的孩子，不适合把他推往艺术的方向，艺术创造力不是他的长项，他的优势是执行。他是抠细节的孩子，适合做精益求精、流程管理类的工作。

C 天性、D 天性的孩子，不适合投身于强调理智、理性的人生赛场，在那里，他们体现不出优势，还有可能把持不住犯错误。

比如，一个 D 天性的人做了高官，他抵御不住诱惑的可能性比 B 天性的人高得多。一个规范的证券市场显然不适合 C 天性的人，对 C 天性的人而言，深入的分析研究实在不是他的菜，连

接纳差异 尊重规律

牌都打不好的人，怎么可能炒得好股票呢？

同样，A 天性、B 天性的孩子，原则性强、规范明确，不喜欢凭感觉和想象做事，在感性领域，他们常常感到别扭。

如果再宽泛一些，将选择提升到领域的高度，四个天性所对应的是：

A 天性：科研、医学、技术、经营等专业型、研究型。

B 天性：监督、管理、技能、支持等纪律型、技巧型。

C 天性：表演、沟通、辅导、协调等交流型、表现型。

D 天性：创业、思想、开发、艺术等需要想象和创造力的类型。

有时，一个智商很高、资质特别好的孩子，可能会同时表现出不同方向上的能力长项。这样的孩子，同样有着自己的思维偏好和优势领域，而且，越是这样的孩子，被误伤的可能性越大，毕竟，他在非擅长的领域，也做得比别人要好。这样的孩子，随便选定一个方向，都有可能成为出众的人才。然而，如果找出他的偏好和优势所在，并加以正确引导和培养，则很有可能，一个大师级的人物就此诞生。

同样，一个资质略差的孩子，在与其他孩子做比较时，可能会让人觉得他在各个方向上都不突出，但就他本人而言，仍然会有一个领域是他自己的优势所在。对于这样的孩子，找出他的天性和优势，往往更加重要。他的天性和优势，以及在此天性和优势上所发挥出来的能力，是他对"每个生命都有意义"这句话最有力的证明。

交什么样的朋友

B 天性的人和 D 天性的人经常相互挤兑。

B 天性的人说 D：你真是一会儿也坐不住。

D 说 B：咱别老这么乖好不好？

虽然表现得"看不上"D，但 B 遇到问题需要找人出主意时，他的第一选择还是 D；D 虽然常常笑话 B"太刻板"，但他知道，一些自己做不好的事情，如果有 B 帮忙，则大可放心。

这就是互补的价值。两个兴趣一致、天性相反的人，相互补充、相互需要。

在共同兴趣、共同生活经历的基础上，这样的人最容易成为长久的朋友。

朋友的价值，在于互相欣赏、相互帮助。他有令你羡慕的亮点优势，这是欣赏；他的弱势，你完全可以帮他弥补，并且，他也需要你帮他弥补，这是被需要的幸福。

每个人都需要对角线上的朋友。好朋友的身份，注定了他能够理解你，接受你的弱点。而且，他能够从朋友的角度给你必要的提醒和提示，帮助你了解、认识事物的另一面，而又不带敌意、没有强迫性。

　　死党、铁哥们常常由此而来。

　　事业领域也是如此。

　　A 常常"笑话"C 黏黏糊糊、不求进取，C 则"贬低"A 情商低、学习狂。但在共同经营中，A 负责技术层面、C 负责人员层面，两个人相得益彰，谁也离不开谁。

　　一个 D 天性的董事长，常常需要 B 天性的 CEO；一个 B 天性的老板，也有必要给自己找一个有创造力的 D 天性助手。

　　男女关系更需要互补。

　　同天性的人，因为常有共同的认识，可能会立刻擦出火花。但这种火花，来得快，去得也快。如果一个人的优势正是你的优势，这种优势对你而言，一点不稀罕。更讨厌的是，你的弱点，竟然完整地在对方身上投射出来，失望感会油然而生。

　　在做"全脑优势"研究时，奈德·赫曼博士发现，大多数没能走向婚姻的同居关系，多是因为男女处于相同天性，而稳固的婚姻则多是互补关系。

　　　　　　　　　　　　　　　　　　　　接纳差异　尊重规律

人生道路上，对角线上的朋友、对角线上的合作伙伴、对角线上的爱人，都是我们所需要的。

　　要给孩子找朋友的话，那些跟孩子天性对角的，更有可能保持更长久的友情。

不同天性的沟通方式

对一个 A 天性的孩子，跟他沟通，你要告诉他利害关系、因果逻辑。

对一个 B 天性的孩子，你要成为权威，给他清晰的指令和方法。

对一个 C 天性的孩子，你要给他温暖和关怀，给他情感上的认同。

对一个 D 天性的孩子，陪他玩、陪他疯，把事情变得有趣，是他最容易接受的。

比如，要说服不同的孩子去打针，起作用的方法往往不一样。

C 天性的孩子要哄，拥抱他、安慰他、夸他乖。跟他说，好孩子，妈妈爱。

A 天性的孩子要激励，告诉他只有不勇敢的孩子才怕打针，才会在打针的时候大哭，勇敢的孩子不这样。

接纳差异　尊重规律

B 天性的孩子靠规矩和榜样，生病打针是必需的，没有讨价还价的余地。你看谁谁谁，从来不怕打针。

D 天性的孩子可以考虑游戏法。比如外星人进攻地球，家长先扮外星人，让他扮弱小的地球人。然后，等地球人打了针，一变而成外星人的克星。

12 岁的 A 天性男孩乐乐正处于叛逆期，不时做出一些让妈妈生气、伤心的举动。

乐乐妈妈很努力，也很辛苦，家里家外，都是顶梁柱，为孩子和家庭做出了很大贡献。

她说："那天乐乐想吃焖面，我在百度搜了半天，学会后做给他吃，他一句感谢都没有。下午去上国画课，他居然骗我，说是去上课，其实逃课去打游戏了。晚上回到家，我跟他聊了一晚上，告诉他我的感受，希望他能看到我对他的付出，能够懂得感恩，好好学习，不要让家长担心发愁。可他根本没啥表示。更可气的是，这次谈话后好了没几天，又变老样子了。对这孩子，我失望死了。你说，别人家的孩子怎么都那么懂事，他怎么就这样让人操心呢。我的要求并不多，就是希望他能懂得感恩，我错了吗？"

跟其他孩子相比，A 天性孩子的确不擅长关怀关心，不擅于表达感受，没有猜人心思、感同身受的能力。他心里想的，更多是逻辑、因果。

所以，家长真的没必要在 A 天性孩子面前扮可怜状，走情感路线，靠感动他，让他认识到错误从而改正，这对他来说拐了太大的弯。他是那种"认理不认亲"的人，情感攻势用在他身上，不灵。

某次，一拨家长来我们家作客，跟着一群 6 岁大的小孩。大家安排孩子们在另外一个小桌上自己吃饭。孩子们很快起了争执，因为给小桌配的椅子不完全一样，在孩子们眼里，椅子有明显的好坏之分，为谁坐哪一个，发生了争执。当时争执最激烈的，是 6 岁的悠悠。

家长都过来劝，有的说，椅子其实没区别；有的说，要懂得谦让。可是没用，孩子们谁都不愿意让。

泡爸把悠悠叫到一旁，对她说："我知道你有能力，你来帮我一下好不好？大人管不了，拜托你来解决这个椅子的问题，看看你能不能做好。"

悠悠痛快地答应，过一会，问题解决了。悠悠来"汇报"，我们轮流坐那个小椅子，每人 20 分钟，我先来。

A 天性的孩子天生晓事理，跟他的沟通可以很简单：摆明利害关系，共同制定目标。目标确定以后，给他充分的决定权。

B 天性的非非要参加作文比赛，在作文主题方向征得了爸爸妈妈的肯定后，非非趴在桌前认认真真地开写了。一个小时之后，非非拿完成的作文给爸爸"过目"。非非爸爸看了说，写得不错，挺好的，非非走了。过一会，非非又来了，对爸爸说，我改动了一点，你再看看。非非爸爸看了看，发现改动并不大，于是，依旧简单地评价，不错，挺好。

可是，过一会，非非又来了。

几个回合下来，非非爸爸有点烦，于是，耐着性子从作文里挑了几个无足轻重的小毛病，说，这儿这儿，得改改，换个词语。

这下，非非心满意足地走了。

这就是 B 天性的孩子，注重细节、追求完美，同时需要督导、需要权威。你不给他方向，他反而没有安全感；给他太多的选择和空间，他反而会觉得无所适从，不舒服、不适应。

因为常常跟泡泡开玩笑，泡爸习惯了这种跟孩子沟通的方式。

有一次，家里来了个 B 天性小孩，六七岁的孩子正是换牙的时候，门牙掉光了，泡爸见了就逗她：还笑呢，小豁牙都露出来啦。结果，小朋友哇地一声哭了。

所以，跟 B 天性孩子相处，你最好"放尊重点"。有一个 B 天性的孩子，家长却像李开复建议的那样，努力和他打成一片，总是跟他胡说八道，成天表现得疯疯癫癫，会让他很不舒服。

欣欣是个 C 天性的男孩，对妈妈很体贴。不过，妈妈总嫌他女孩气太重，不够勇敢。某一天，母子俩从小区外回家，妈妈故意留下两个沉重的袋子给他，自己先走，让他独自拿两个袋子回家。

欣欣满脸委屈，一步一哀求、三步一歇息，一路哭着把袋子拎回了家。刚进门，奶奶在楼下按门铃。妈妈"后怕"地说，刚才多亏咱们早一步进家门，没让你奶奶看见，不然，你奶奶又该说我"欺负"你。

刚抹干眼泪的欣欣说，是啊，幸亏咱们早一步回来，没让奶奶看见。妈妈你放心，我不会告诉奶奶。妈妈你看看，奶奶能发现我刚哭过吗？

某天，汶汶妈妈去接汶汶放学，汶汶从兜里摸出几粒瓜子说：妈妈，你不是最爱吃瓜子吗？给你尝尝。汶汶妈妈边吃边夸：谢谢儿子，瓜子真好吃。

第二天，汶汶妈妈再去接汶汶的时候，汶汶竟然从兜里掏出一大把瓜子：妈妈，给你瓜子，你昨天说好吃，我今天求我同学来着，跟他要了一大把，快吃吧。

这就是 C 天性孩子，懂事、乖巧、体贴、善解人意。A 天性人在乎"理"，C 天性人则更在乎"人"，更重视关系和感觉。跟

　　　　　　　　　　　　　　　　接纳差异　尊重规律

C 孩子的沟通，必须注意这一点。

"小泡，你刚画的这幅画，有个地方还可以改一下。你看，这里画得不够认真……"泡妈说。

泡泡看一眼，"没事，不要紧，就那样吧。"

"为什么不再改改呢，你有能力画得更好的。"

"没关系的，就这样吧，我不想改了。"

"不好吧，能改好为什么不改？做事就做好嘛。"

"哎呀，烦死了，以后我还是不画画了，老得改，真烦。"泡泡没好气地说。

D 天性的孩子思想自由，不喜欢被"安排"，以约束和要求的方式跟他沟通，他最容易不耐烦。实际上，对 D 天性的孩子来说，让他做事，如果不使用强迫的办法，而是把事情弄得有趣一点，好玩一点，给点小小的诱惑，他的接受度能大大提高。

泡妈：泡泡，天气这么好，下楼打羽毛球吧。

泡泡：不想去。

泡妈：走吧，下楼时给你讲个故事。

泡泡：嗯，这样啊，我考虑一下。

泡妈：打 15 分钟羽毛球，回到家允许你多看半小时漫画。

泡泡：yeah，走走，快穿衣服下楼。

你的蜜糖
他的毒药

认识禀赋天性的差异，做聪明的家长

如何准确判定天性

天性不仅与生俱来，而且有着清晰的遗传规律。

然而，在生物学手段出现之前，判定天性确实具有一定的难度。原因正如之前所述：

1. 天性主和偏的影响；

2. 表象性格的影响。

对成年人而言，还多一层阅历和行为习惯的影响。

如何准确判定，请阅读泡爸另一本书《天性》，了解天性与性格的区别，以及天性、性格与成长期教育的因果关联。四种天性在不同教育方式影响下，会被塑造出正、"病"、负不同性格。但性格不是天性，性格在表层，天性在底层。居于表层的性格，对于天性判定，有一定的影响。

天性的遗传规律表述，也在《天性》一书中。

不过，这里还是可以给出两个相对简单的判定法。

接纳差异 尊重规律

劣势判定法。

如下必选一组，哪个是你，你就是哪个天性，孩子也一样：

A：固执、强硬、不服软。

B：没主意、没创意、选择困难症。

C：黏糊、胆小、情大于理（认亲不认理）。

D：急躁、马虎、没耐心。

为什么用"劣势判定法"呢？之前泡爸也曾试着给过"优势判定法"，为每种天性列出几十种优势，让判定人找出自己优势最多的项，结果很多人看了之后说，"我怎么觉得四大项里的所有优势，我都有啊。"

上下左右判定法（更适合判定孩子）。

先判定是强势还是弱势（主要看其在同龄孩子中的表现），若是喜欢做决定的强势者，则属于 A、D 上脑；若是跟随型的弱势，则属于 B、C 下脑。

区分 A、D 上脑，看情绪起伏。情绪起伏不大、坚定生硬的，为 A；情绪起伏大，且软硬起伏大的，为 D。

区分 B、C 下脑，看态度冷暖，比较冷的是 B，比较暖的是 C；情感方面，C 更丰富，B 则相对淡然。

需要再次说明的是，纯粹、单一天性的人很少。绝大多数人，天性有主次之分。一个主，一个相邻的次。

你的蜜糖
他的毒药

认识禀赋天性的差异，做聪明的家长

不同天性的
教育方式

A 天性孩子怎么教

　　传奇数学家纳什喜欢上一个女孩，他对那女孩说，我知道我应该追你、哄你开心，营造一个浪漫的气氛，但是，这些过程其实不还是为了结果吗？我们可不可以省掉那些过程，我是真心喜欢你的，请跟我好吧。

　　结果，自然是那女孩拒绝了他。

　　这就是典型的 A 人。聪明又简单，可以夸他单纯，也可以骂他幼稚。他是如此不懂得揣摩别人的心思，学不会考虑别人的感受。

　　养一个 A 孩子，你可能被他气到。他总是不懂得关心关怀、不知道表达感恩。你苦口婆心，他置若罔闻。批评，他不服气；柔情蜜意地哄他，他反而嫌你腻歪。

　　拿他跟乖巧听话的孩子相比，简直让人伤心绝望。他是如此自我中心，不关心他人的感受；他又是如此"情感淡漠"，不懂得回报别人的好意。

他咋这么愣呢？听他说句暖心话，怎么那么难呢？

这不怪他。

不乖巧，是 A 天性。

他冷静、理性、直接，指望用小恩小惠、黏黏糊糊的关怀去"搞定"他，属于正确的方法用在错误的人。"以情动人"用在他身上，非常蹩脚。他不是那种对情感攻势特别"敏感"的孩子，泪眼婆娑地装可怜，激发不起他的回报热情。

跟乖巧听话的孩子比，他确实显得"情商低"，但同样是跟乖巧听话的孩子比，他在天性上的优势也一样明显：勇敢、坚定、扛得住压力。

他是有主见的人，试图把他变成顺从听话的乖孩子，完全徒劳，而且必将激发反抗。

A 孩子，可以严管，也必须严管。但严管的目的，不是制服他、让他变成乖孩子，而是让他出成绩。给了压力，一定还要让他看到结果、看到成绩。他是那种为目标而生、为成绩而生的人。只要能够看到他认可的结果，他会欣然接受你给的压力。

管教 A 孩子，最好的方法是定目标、严奖惩。你会看到，只要他接受了你的目标，他会一往无前地追求，不怕压力、不惧困难。这时候，你会欣喜地发现：他的勇敢坚定优势，比那些乖巧听话的孩子，强很多倍。

管教 A 孩子，狼爸或许太"狠"，但方向是对的。

千万不能宠，不要太宽容。宽容和宠爱，用在那些感情细腻、乖巧听话的孩子身上，会激发出回报的热情。用在"愣"孩子身上，却可能被他"利用"，因为他精明、有头脑、"精于算计"。自由自在，要什么给什么的做法，会让这样的孩子养成骄纵的性格。他不会对父母的娇宠给予情感回报，他只会觉得所有人都该这样对我，老子天下第一。

还记得那一代小皇帝吗？自私、嚣张、蛮横。他们，大多是被宠大的"愣"人。

这种为成就而生的人，最大的问题是什么？是失去目标、没有成绩。没有方向的人生，会使他自暴自弃；没有成就的人生，会使他讨厌自己。他这一类人，偏偏伤人伤己的能力最强。

所以，养一个这样的孩子，却没能帮他建立起正确的方向和目标，是家长最大的失职。不能激发上进心竞争心的所谓宽容教育，用在"愣"孩子身上，会害了他。

A 孩子并非不知道感恩，只是他的感恩方式有所不同，他不会冲你甜言蜜语、低眉顺眼。他的感恩表达是拼搏进取、努力实

你的蜜糖
他的毒药

认识禀赋天性的差异，做聪明的家长

现，为你争光。

　　"担当"二字，用在 Ａ 孩子身上，最为准确。唤醒他的自信，他是最有责任心的人；唤醒他的担当，他会成为领袖。一些足球队的教练很懂得这一手，让竞争心太强、爱惹事的球员当队长，往往能够激发他的上进心和责任感。

　　　　　　　　　　　　　　　　　不同天性的教育方式

✦ B 天性孩子怎么教

　　家里有一个 B 孩子，家长一般是很骄傲的。这类孩子自觉自律，不用家长操心。上学的时候，尤其是小学，通常成绩都不错，尤其是学习态度好。认真仔细、规矩听话，是 B 孩子所具备的优势。

　　但是，其实，B 孩子，是最需要用心教的。

　　为什么这样说？

　　首先，跟性格急躁、也同样兴趣广泛的孩子不同，规矩听话的 B 孩子往往更难找到真正的兴趣所在。虽然他能坦然接受家长的安排，去上各种家长指定的兴趣班、课外辅导班，但问问他自己，真正的兴趣爱好是什么？他往往答不上来。这样的孩子，尤其需要家长耐心的了解，以发现他的优势亮点，同时辅以细致的指导，培养他的兴趣，并将兴趣与优势很好地结合起来。

　　其次，对这类孩子的教育，受流行教育理念的冲击最大。目

你的蜜糖
他的毒药

前最流行的教育理念，是宽松宽容，培养创造型思维。但是，规矩听话的孩子，他的优势跟创造性一点关系都没有。他的优势在于：坚韧、细致、服从、有吃苦精神。而这种优势的体现，必须经历严管、细管的过程。必要的督促、严格的管理，才能培养出良好的执行力。给的空间过大、自由度过高，会让这类孩子无从锻炼自己的优势。

虎妈之所以能成功，因为她所教育的，正是 B 天性的孩子。郎朗之所以能成才，也因为他属于这一类孩子，除了他们，没谁能从小就坚持每天练琴 8 小时。那些获得奥运金牌的运动员，多数也是这一类，因为，只有他们最能忍受枯燥重复的训练。如果是性格急躁、兴趣广泛的那一类，用这种方法管理，早就离家出走啦。

但宽松式的教育，却会把这一类人的优势亮点全部牺牲掉。

所以，宽松宽容式的教育，不过是对以前填鸭式教育的反叛。如果不区别教育对象的天性，一样会伤人。

曾经有个极端的案例。

南京一中一位老师的女儿，品学兼优，向来是好孩子、好学生。她却在荷兰留学期间，自杀了。遗书里提到她背负严重的精神压力，患了强迫症，表现为"过于要强，事事要求完美"。

女儿自杀，让这位老师的教育理念发生了根本的变化。

"我尝试让学生们更加快乐幸福，他们学业繁重，本来就很辛苦，我会和他们一起发泄苦闷。对家长来说，我想让他们知道，对孩子的评价不要太纠结于分数。"

实际上，这位老师的认识并不到位。

这是一个 B 天性为主的孩子，极度缺乏安全感。强迫症、洁癖等，多为 B 天性孩子所得。

面对压力，A 孩子会奋发、D 孩子会逃避、C 孩子会"演戏"，而规矩听话的 B 孩子，往往表现为服从和接受。这个孩子，正是在家长和老师所给予的"成绩和表现"的要求下，拼命追求结果。

然而，努力追求结果的做法，更适合 A 天性的孩子，而不是规矩听话的 B 天性孩子。对 B 天性人而言，遵从纪律和信条，重过程足矣，无须太重结果。他的人生，靠的是坚韧和对流程细节的关注，做好这些，自然有回报。这个孩子的可惜之处，在于家长对她的天性缺乏正确认识，也没能给予正确的引导。

最后，之所以说规矩听话的孩子最需要用心教，还因为这类孩子向来需要榜样，而 B 天性人的认真仔细，又使他非常挑剔，对榜样的要求也高，家长得处处以身作则。你不能成为榜样和权威，他就对你不服气；他对你不服气，你就无法成为他的人生导师，他就可能服从别人。因此，规矩听话的孩子也是很容易学坏的，一旦认定了坏的权威，他的服从精神，会让他埋头跟着往前走。

不同天性的教育方式

C 天性孩子怎么教

C 天性孩子，常被批评"竞争心薄、上进心弱"。

C 孩子大多不喜欢数学，那些逻辑分析让他头疼。

C 孩子不喜欢激烈的竞争，他更在乎的是爱和情感。他若努力，大多是为回报父母和老师的关爱，他没有 A 孩子身上那种出人头地的强烈热情。

C 孩子需要温暖，他必须生活在或大或小的"群体"之中。让他像唐僧那样孤单孤苦地上路取经，他做不到。做一个在实验室里闷头憋成绩的科学家，绝对不是他的目标。他需要的，是人文有爱的环境。

用狼爸的方式对待 C 孩子，目标化、严奖惩、逼他努力，是最错误的做法。冷峻的逼迫，会令 C 孩子受伤：你都不爱我，为什么我要听你的？

曾有这样一个案例。

爸爸出国半年，妈妈接过管理女儿学习的任务。妈妈的管教方法原则分明、目标明确、清晰简单。没想到，几个月下来，女儿成绩骤降，学习兴趣下降更快。妈妈百思不得其解。

等到爸爸回国，看到爸爸辅导女儿学习的方法，妈妈找到了原因：原来爸爸的方法，跟妈妈大不一样，他耐心辅导、温暖支持。不但陪着孩子写作业，还从不批评打击，即便有些题需要讲好多遍孩子才懂，他也不责怪孩子。他给孩子的，是温情的鼓励、有爱的帮助，而不是目标性的要求和原则性的逼迫。他的辅导，孩子一点压力都没有。

爸爸回来后的几个月，孩子的成绩和学习兴趣，噌噌地，很快上去了。

很多人归纳说，必须得有个好爸爸啊。

其实非也，妈妈的方法也不错，只是没有用对孩子。C 孩子需要的，不是原则，而是温情、温暖。爱和支持能够给他勇气、给他动力，他愿意回报爱和支持。

面对过大的压力，不同的人有不同的态度。C 孩子抗压能力差，但有善解人意、猜人心思、"善演爱演"的能力。这种能力，在压力之下，往往会被错用。过大的压力，会令他变得狡黠、逢迎。爱说谎的孩子，多是被压力"逼迫"过的 C 孩子。

　　　　　　　　　　　　不同天性的教育方式

A 孩子可以穷养，也必须穷养，压力于他，是动力。C 孩子则不适合，这样的人，放到穷山恶水，大多会成泼妇刁民。用艰难困苦训练 C 孩子，属于典型的愣家长做蠢事。

推崇坚强勇敢、理智理性的家长，常常为 C 孩子发愁，担心他的懒馋、拖拉、黏糊、缺乏斗志、不能吃苦。

其实不用，C 孩子自有他的优势。

C 孩子需要爱，也愿意付出爱。他懂得为别人鼓掌加油，给他人做观众。他也是天下最仗义的朋友，他所付出的支持和关怀，可以没有道理、不讲逻辑，甚至不顾事实。而他能如此对待别人，别人自然也将回报于他。

C 孩子懂得变通。世界之大，解决问题的方式很多，有人靠竞争，也有人靠合作；有人靠自己；有人靠团队。C 孩子更喜欢用关系和沟通来解决问题，他享受并且善于创造温暖、和谐的氛围。

养一个 C 孩子，你一定要"用力"爱他。C 孩子能够付出多少关爱，取决于他的童年得到多少。戴安娜成为爱心大使，不是出于偶然。那些拥有慈悲心的人，大多是有过温暖童年的 C 天性人。成长过程缺爱的 C，长大以后，往往人生错位，在应该付出的时候，仍然不恰当地索取。

你的蜜糖
他的毒药

Ａ 天性孩子不能宠，宠会宠坏他，令他骄纵蛮横。Ｃ 孩子绝对不会，他是那种越宠越有爱的人，放心大胆地给他关爱吧，不要分男孩女孩，所有的 Ｃ 孩子，都需要"贵养"。

✿ D 天性孩子怎么教

养一个急躁的 D 孩子，你会在他身上看到一系列相关的毛病，浮躁、不踏实、没耐心、情绪化、毛毛糙糙、粗枝大叶。

这些毛病，常常惹得你很烦。更让你担心：这些是不是他成长的隐患，会不会成为他人生的障碍？

作为家长，你觉得，必须帮他改。

改的方式，自然是约束，定规矩，至少，别的孩子能守的规矩，他也应该做到。可是，定了规矩，他还是常常做不到，或者，好几天又不行了。

怎么办？貌似得加惩罚。再不行，只好把惩罚加重，让他长点记性。

这样管的结果，通常有三种：

越管越急。他的耐性越来越差，脾气愈发暴躁，亲子关系也越来越紧张。极端情况下，出现离家出走的情况。

**你的蜜糖
他的毒药**

认识禀赋天性的差异，做聪明的家长

真管住了，安生了，平静了。可是，等他到了 13 岁左右的逆反期，家长受苦的日子来啦。过去的压抑一并爆发、势如洪水。

不但管住了，改了，逆反期也没释放。作为家长，相当满意、相当自得。然而，这是最差的状况。问问你身边那些做事纠结、缺乏自信的人，童年时期是不是经历了逆反天性的教育？回答大多是肯定的。及至长大，当他顺着心性想去做什么的时候，总会有一种声音提醒他，这样不对，这样想是错的。这种"提醒"，会折磨他很久很久……

那，还能怎么做？

首先，你得明白，急躁是 D 孩子的天性。D 孩子，天生就比别人急。

不过，D 天性孩子虽然急躁，也全都有灵气、有悟性，兴趣转移快，这是他急躁的原因。

所谓"兴趣是最好的老师"。这句话用在 D 孩子身上，最合适。作为聪明的家长，你不但应该允许他不断转移兴趣，还应该主动为他提供更多的兴趣点，并且，"小心翼翼"、"不动声色"地，帮他确定最爱的那一个。

你会发现，当他找到真正最爱的兴趣点，至少，在这个兴趣

不同天性的教育方式

上，他的那些毛病，全都没啦。他开始变成坐得住、耐得烦的孩子。

实际上，对 D 孩子，你大可放心，兴趣不但会给他方向，也会给他成绩和成就。而且，只有兴趣能给他。他不是那种靠执行力取胜的孩子，他将用想法和创造力赢得人生。

D 孩子，天性里充满对自由的渴望。他虽然兴趣爱好很多，貌似有很多事想干，但能够不做那些他不想干的事，对他来说，才是最最重要的。

所以，千万别给他定太多规矩、设太多兴趣之外的任务。摆一堆他不喜欢的事情，频繁提醒他必须完成，他会极为烦躁，甚至把这个家看作牢笼。

如果他不爱学，那一定是因为他要学的东西枯燥无味，引不起他的兴趣。对他而言，寓教于乐是最大的奖赏和鼓励。把那些东西弄得有趣一点；或者，把那些东西跟娱乐更多地关联起来；再或者，在他找不到学习乐趣的时候，允许他多玩少学。他一定会感激你。

千万别再想"其他孩子能守的规矩，你必须也一样做到"。给他宽松的环境，才是对他最完美的爱。一个 D 孩子，你能为他做的，是首先将你的道德标准、纪律准则，在不影响他人的前提下，尽可能地降低。

实际上，当你以体谅的态度，与他共情，和他一起抱怨那些不得不守的规矩、纪律，他反而会因得到了理解，然后做得更好。

遇到规则不清晰的状况，有些人想：这事没说可以做，还是别做了。D 天性孩子不一样，他的反应常常是：没说不可以，应该就是可以吧。因为他有好奇心，他有探索的热情。这种好奇心，你必须保护，失去这一点，他的人生意义，直接损失一大半，甚至全部。

不同天性的
教育案例

A 天性 把孩子逼成啦啦操全国总冠军，我为什么狠得如此理所当然

每次我在朋友圈发孩子练习啦啦操的"虐"照，都会引来质疑：你想让孩子干啥啊？走专业吗？不走专业对孩子那么狠干啥？

练啦啦操那么累，需要那么多时间，等以后学习紧张没时间训练还是得放弃，还不如现在就放弃呢！

我是竹子的妈妈。从孩子 5 岁半开始学啦啦操，到现在 2 年了，这样的质疑声一直没有断过。即便孩子已经获得啦啦操幼儿组全国总冠军、分站赛沈阳站冠军、清华大学分站赛冠军、南京（中国）啦啦操公开赛幼儿组冠军。

1. 意外的机缘

2017 年，因为一次意外的机缘，5 岁半的竹子加入了啦啦操队。

那时正要参加全国总决赛的啦啦操队缺人，校长前后三次找

到我。虽然知道孩子从没练过舞蹈，但实在不好意思再拒绝，就这样，没有基础的孩子开始了无比艰苦的训练。

从第一次上课到比赛，只有一个月，时间紧任务重。因为我们是后加入的，原来的小朋友动作都已经熟悉了，这就要求我们必须迎头赶上。

那时的训练真是加班加点，从最开始的每周 2 次到每周 3 次，最后临近比赛更是一次训练达到 5 个小时。为了尽快赶上其他小朋友，回家之后自己还要加练。

但不管怎么练，竹子都毫无怨言。

记得有一次，她身体有些不舒服，贴着退热贴也跟着练了五个小时。

因为在家里待着就没法看到动作，去现场即使不能全程跟着练，最起码还可以坐在旁边看。就是在这样的情况下，她都没有说她不去了。

就这样经过一个月的集训，竹子第一次踏上了全国的赛场，也拿回了人生第一座冠军奖杯。

拿到冠军自然很高兴，但一系列的比赛、一直高强度的训练，各种质疑的声音也越来越多。

虽然表面上没对孩子表露什么，但这些质疑也一度让我无比坚定的心出现了动摇——这样做到底对不对呢？

2. 天性有答案

自从接触了天性，确定竹子是一枚小 A 之后，我内心的焦虑瞬间被冲淡了，一下子有了明确的养育方向，再听到任何质疑声我都不动摇了。

因为我知道，我的竹子就需要这样艰苦的打磨。A 天性的孩子，需要压力和目标式的教育，她有承受这一切的能力，我为什么还要用我的心疼去包庇她根本不需要的软弱呢？

我就要用这样有些超出同龄孩子承受能力的大运动量，来磨炼她坚韧不拔的意志品质。这样，她在自己以后的人生路上遇到困难的时候，都不会轻易退缩放弃。

我不可能一直站在她的身前为她遮风挡雨，终有一日她将自己面对人生的各种挑战，而今天我所做的一切，就是为了让她明天能够自己直面人生的风雨！

于是，千磨万击还坚韧，任尔东西南北风。

为了参加 2018 年 7 月份的啦啦操中国（南京）公开赛，竹子每天继续进行高强度训练，但她从来没有叫过苦喊过累。

付出终有回报。在南京国际公开赛上，孩子们与其他 4 支来自全国各地的队伍同场竞技，最终以 424 分的好成绩又捧回了一座国际比赛的奖杯!

南京公开赛后再次恢复训练时，难度更大了。

这时，我发现我家竹子的柔韧性比从小练过舞蹈的孩子差，我觉得必须要给她开小灶了。

天性知识告诉我，竹子需要有目标，需要用成功来满足内心的成就感，我的要求也跟着变了。

我不再说什么你只要努力了不管怎样妈妈都爱你，我开始直接定目标，你必须占领 C 位（新的比赛要按照难度完成情况重新排队形），必须成为跳得最好的那一个!

为了帮助她实现目标，我还给她加了一对一体能课，希望能练一练她的柔韧性，这对她难度完成也有很大的帮助。

但她刚开始也很抗拒，因为压腿是真疼啊，几乎每次上课都"梨花带雨"。

大概上了 6 次体能课之后，她的侧手翻练得已经成形了，而这时她的啦啦操课才开始上侧手翻。当老师问哪个孩子可以的时候，只有她和另一个小朋友当时就做成了。

现在我还能想起课间休息的时候，她过来美滋滋地悄悄告诉我"妈妈，只有我和她能翻!"时的小表情，从她脸上都能感觉到那种"小骄傲"!

　　　　　　　　　　　　　　　不同天性的教育案例

下课回家路上，竹子告诉我，"妈妈，你再给我报十节二十节都行，我要去练！"

现在我更深深地觉得这步走对了。

有的家长可能觉得，跟老师一起学，最后不也能学会吗？为啥还要另外花钱去学？

这也是我当时有点小纠结的地方，这钱花得到底有没有必要呢？

但是当我看到别人还不会、她率先达到老师要求时脸上的神采，我明确了：这钱花得值得！

我要给她的，就是这种成就感。我要培养她的，就是她的自信。

她的意志已经在艰苦的训练中磨练了，如果她的成就感她的自信也都培养起来了，以后做啥事、遇到啥困难她还会怕吗？

想要，就要付出努力。想要更好，就要付出加倍的努力。对A而言，这样的价值观，其实很公平。

既然选择了去做，就风雨无阻地坚持下去。

因为啦啦操需要展现力量与柔韧性相结合的美，为了练出胳膊的力量，每次训练胳膊上都需要戴着500克重的沙袋。现在为了踢腿能踢得高，脚踝上也加了沙袋。

你的蜜糖
他的毒药

这个沙袋我曾经为了体验一下竹子的感受戴过一会儿，没一会儿我的胳膊就抬不起来了，而孩子们每次的训练都是超过 3 小时！

参加南京公开赛时，有一个动作是前滚翻站立，孩子们训练的时候就是在木质的地板上一次次训练。

那时都没有垫子，晚上回家睡觉的时候才发现孩子的腰已经硌青了，但这个竹子居然一声没吭。

3. 比啦啦操更重要的

竹子自己严格训练的同时，作为家长的我们，内心首先得比孩子更坚定更强大。

不能孩子还没觉得苦没觉得累，我们自己先受不了了！对竹子，我最常说的一句话就是——开弓没有回头箭。

啦啦操是我和竹子共同的选择，既然选择了这条路，那就让我们风雨兼程，携手一往无前！

现在，孩子身体素质锻炼得特别好，意志品质更不用说，不管干什么都是轻伤不下火线。

因为啦啦操是集体项目，孩子的集体荣誉感也特别强。

去年 9 月份刚上小学一年级，10 月初和老师微信沟通孩子的在校情况。我家竹子几乎没上过学前班，考试也没得过 100

　　　　　　　　　　　不同天性的教育案例

分，但班主任给了相当高的评价。说孩子的集体荣誉感特别强，她身上有别的孩子没有的东西。

老师告诉我，孩子长大肯定错不了，让我不用着急！当时听了真的觉得特别欣慰！

其实哪个妈妈不心疼自己的孩子呢？我也不是啥虎妈，我只是深知，我不可能永远站在她的前面为她遮风挡雨，她的未来必将只属于她自己！

我相信，她的热爱，我的坚持，一定会让她的未来可期！

最后，贴一段本文收到的评论：

拿冠军有那么重要么？！如果不懂天性，我会嗤之以鼻。

但是懂了天性以后，我觉得 A 娃的家长都有必要想想，你敢对孩子下这样的狠心吗？

孩子几岁开始练舞蹈、体操基本功合适？孩子太小，这种强度是否会影响身体健康成长？这不是要讨论的重点。

你的 A 娃完全可以学其他知识、技能。学任何东西都需要克服惰性、克服自我怀疑的不自信、克服找借口的习惯……

如何激发出 A 娃勇于挑战的天性优势，才是重点！

拿冠军只是一个表象，更有意义的是：孩子有勇气、有自信、有决心去攀登一个又一个高峰，即使是在过程中多次摔倒、失败。但只要把 Ａ 天性激发出来，下一次永远都有希望。

（案例提供：沈阳　李思燃）

B 天性　慢和细，不是缺点，而是你的亮点

1. 读懂天性之前，墨妈的烦恼

我是墨墨妈，我和他爸都是画画的，现在都做创意工作。我是 D 天性的人，我是自由、散漫、随性的个性！我妈说我对什么都不想负责任，包括对自己。结果，一个儿子给我治了。

我儿子墨墨 5 岁了，这孩子说话早，思维活跃，胆小敏感，特别守规则，对数字不敏感。3 岁时有过两周抽动表现——挤眼睛，但很快消失。诱因是"不管他怎么努力都做不到"，比如自己穿衣服，动作总是比同龄小朋友慢半拍。做操跟不上就干脆站着，基本站了 2 年了。

很多事情都是这样，如果做不到他自己满意，就干脆不做了，还装作特不屑。他心里貌似有很高的标准，却又很在意别人的眼光。他的压力是自己给自己的，与生俱来的。既然他有很高

的标准，我们的态度就是不强迫他，让他慢慢来，可问题是他现在好像有默认自己不行的倾向。

墨墨基本上不直接提要求，他总是绕着圈说话。譬如想吃冰激凌，他会说："妈妈，天真热啊，人热的时候应该吃点凉的降温吧？"他也非常有规则，自己收玩具，自己分类放好。

其实我最受不了的是他做选择的时候老是问我："妈妈你说我该选哪个？"我告诉他每个人想法不一样，可他还是问："那你说我该选哪个？"如果我选了，他说："你再想想吧。"他怕拒绝，明明自己有想法，就不说，非要别人说出来 。

他的纠结，3 岁多时特别严重，"我去洗澡，再玩会吧。再玩会吧，去洗澡……"，他从客厅到卫生间能一次次地往返 20 多次，就是决定不了，看着心疼啊。每每看他纠结，我总想帮他，却收效不大。比如说：事情没发生，他就预想了很多结果，类似："他要是抢我玩具怎么办啊？他要是 XX 怎么办啊？"我试过帮他分析应付的办法，结果却发现，我越分析他越紧张。也试过粗线条一笔带过："到时候真这样了再说吧。"这样的方式效果也不好，他还是不放松地纠结个不停……

有一次，老师放学前发了根棒棒糖，说回家再吃。别的小朋友都一出校门就撕开包装吃了。他举着，嘴里说："老师说回家

　　　　　　　　　　　　不同天性的教育案例

吃！"看看糖又说："老师说回家吃！"再看看糖，一副想吃的样子……我说："天这么热，到家会化了吧？要不现在吃？"他说："好啊，就是的，别化了！"刚要吃，却又急哭了："不行，老师说回家吃！可是，回家吃，化了怎么办啊！"最后，他是哭着回家吃的。他就是这么的纠结。

我发现我给他出任何主意都对他没帮助，他会一直纠结下去，直到自己释放出来还不能得到答案。而我给他的答案就是他释放的突破口，比如棒棒糖那事，如果我说咱们快点回家吧，回家吃，他会急躁，我走不快啊，干嘛让我快走！如果我说：快走早到家吃糖啊。他会说，算了吧，那就不吃了吧！得，就又出现新问题了。

就这样墨墨慢慢长大，可现在是他对什么都没兴趣。有的孩子要求学舞蹈，学画画，学钢琴……他从不！就是告诉我什么都不学！好吧，不学。家里有钢琴、扬琴，爸妈又都是画画的，都是现成的，他却似乎没渴望。

我该怎么办？他想得太多，我真是不知道如何帮他。

2. 读懂天性之后，墨妈的认识

与其说是谈我对墨墨的教育，不如说是讲讲我对教育的思辨。

目前最流行的教育理念，是宽松宽容，培养创造型思维吧？

你的蜜糖
他的毒药

像我，一个典型的 D 天性妈妈，从来就不是一个仔细认真，讲规矩、重程序的人。墨墨经常被我带着逃学逃课，看世界去，总之，我和墨爸是最敢向教育体制说"不"的父母。

我曾希望墨墨独立、有思想，所以凡事让他自己决定，给他足够多的自由空间。但墨墨的优势却跟创造性、独立性一点关系都没有。

这样一个 B 天性的孩子，他真属于那种小的时候听父母的，上学听老师的，上班了听领导的人。把所谓"独立有想法"作为方向和标准，没有规矩和权威，才是他无所适从和纠结的原因。对于墨墨，我现在认识到，他的缺点和劣势是我拔高不了也改变不了的。我必须在接纳接受的基础上，培养他、教育他。

所以，对于墨墨，我调整了对他的教育方式，他的优势在于：坚韧、细致、服从、有吃苦精神。必要的督促、严管细管，才能培养出良好的执行力。像以前，我让他自己去选择，试图让他独立，给的空间过大、自由度过高，不但让他无从锻炼自己的优势，还会让他纠结，失去方向。

举个例子：墨墨喜欢重复地玩某一个东西，现在我就耐着性子，让他一直重复玩这个游戏，在不断的重复中，完善他在意的细节。他经常是在不断重复中，提升到另外一个高度，这是他的固定模式，对他来说，每次重复都是在建立他的自信王国。理解了他的这种学习模式后，平时，我会特别注意跟他一起从细节着手，以指导者的身份，陪伴他一个一个完成，然后夸奖他鼓励他。我发现，他的耐性、坚韧和服从意识，的确是远超我和我先生的。

现在我学会了多从这些方面夸他。我夸他真正的优势，不去试图弥补那些我认为不足的，让他把自己的优势展示出来，在自己的强项上获得真正的自信——我有，你们没有。认识到自己有他人不具备的才华，墨墨才会越来越自信和发挥天性中的特长吧。

摘录一段话作为结尾：每个孩子从诞生起，就携带了整个自然系统的全部智慧和逻辑，也都有着内在自我成长的动力、能力和秩序，就如一粒种子，本身已经具备了成就自己的所有可能。教育的出发点，必须是顺应孩子的天性，而不是顺应家长的喜好。父母需要做的，只是尽可能给孩子创造一个适宜生长的环境，去唤醒孩子内在的自觉，让孩子发现自己的力量，用自己的力量成就自己。

（案例提供：北京　墨妈）

你的蜜糖
他的毒药

认识禀赋天性的差异，做聪明的家长

C 天性 我一心磨练孩子没实现的，靠"宠"得到了

首先我得承认我是个强势的 A 妈，执行能力、自控能力都比较强。

我的个人经历：童年时在家是老大，少年时在校学习是第一，青年时在单位工作很要强，夫妻创业也是一马当先，俩人齐头并进。我是当妈后再创业的，公司比孩子小一岁。

在认识到天性之前，我一直是对照自己的成长经历和感受来要求及教育孩子。我认为孩子必须是独立的，她一定要具有独立思维能力、自我判断能力，要对自己的行为负责。

比如，3 个月左右大小，我让她扶着奶瓶自己喝奶；7 个月学爬的时候，我放她在小区院子里，让她跟着我背后爬着来追我；8 个月让她用手抓饭自己吃；1 岁半左右训练她拿筷子；2 岁，她会自己用筷子吃饭；3 岁，我就训练她自己洗衣服、洗

澡、洗头……

2岁多，我开始区别对待她的哭闹要求，有理的给予回应，无理的不予理睬。我是真能做得到的，并且还要求她奶奶也这么做。孩子在入小学前，多是奶奶在照顾。

3岁多，我要求孩子自己睡，她会因为我的要求而自己睡一晚两晚，然后又跑去和奶奶睡，她也经常请求和我们一起睡。我无法强求她一定要自己睡，但我拒绝她到我们床上睡，以示我的立场。对，我因为忙，因为奶奶照顾她，我只好强势地表明自己的态度，以图让孩子明白母亲的态度和立场。

这样的要求和教育方式，我和孩子关系如何？孩子是不是真地如我所愿？不是！我很恼火，为什么我小时候可以，她就不可以！

不管我工作多忙，每周日都是属于孩子的，周日早上会从奶奶手里把孩子接过来，带着她到处玩儿。去动物园、游乐世界、公园、海边、草地、书城、图书馆……一直如此，可是我真心恼火，每次我们早上出门开心得不得了，路上或者回家前我们就要闹别扭。

闹别扭的事儿可真多呀——她要我抱，我要她走；她要多吃，我要她少吃；她要多玩一会，我说时间到；她要买东西，我说别浪费；她做作业要我帮，我说你自己做；她去上学要我送，我说你自己走，一件一件……当然啦，如果我当时就知道，孩子和我是不同的，我不会跟她闹别扭，可我当时就是不行呀，我痛恨她的这些行为，不停地给她讲道理、讲道理……可是，无论二三岁的时候，还是 4~6 岁的时候，她都不认账、不接受，我觉得她娇气，不讲理；她觉得我欺负她、不爱她……就这样磕磕碰碰过了 6 年半。

我和孩子只有一个事一直让我感到温馨幸福，就是我从她出世起，就坚持给她读书，一直到现在。孩子受益多少我还看不出来，但这个读书的时刻，我和她一直没有别扭。她喜欢挨着我，或是被我抱着，一起读书，我读她看图。就这事，我喜欢，她也喜欢。事实上，我喜欢是因为可以让她见识更多的世界，开拓她的文学视野。而她喜欢的是什么？我现在知道了，她只是喜欢和我待在一起，看书读图听故事不过是种形式。

好，回到现在了，了解天性之后，我开始调整相处方法和对她的要求。我知道自己是 A，左上脑，强势独立严谨好强；她是 C，右下脑，柔弱感性敏感懒散。孩子我无法改变，我只好调整自己去接受她所有的劣势不足。如果改不了她的天性，我就先调整自己的做法，按照她需求的方式对待她。

我是个 A 妈，我做事总会先分析最差的是什么，最大的风险在哪里，我要如何去控制。对孩子的教育也一样，我把孩子最难以让我接受的一切行为列出来，问自己，能接受不？接受了会怎么样？最坏的结果是什么？而我之前认为正确的做法，现在的效果怎么样？

我接受她好吃、拖延、散漫、撒娇、懒惰、不上进、不独立，这些我之前认为最可耻的行为。一个人能认识到错误已不容易，要决定改正更痛苦，做起来更难受，执行起来超纠结，总结执行效果更吐血。人最大的敌人不是别人，是自己。人最难打败的是自己，好吧，我把这些当作是挑战。我还是 A。

我不断地观察、分析、研究、执行、修正、执行、总结，这不，效果出来了。

我现在是这么做的：

（1）接受她和我一起睡，天天如此。

（2）接受她的各种黏人要求，每次睡觉前除了读书，还要摸背，摸到她入睡。

（3）接受她吃得多，不过我把主食去掉一大半，增加水果。

（4）接受她不去上英文培训班，她太懒了，真心不乐意。

（5）接受她要我陪着去上学，虽然只有 5 分钟的小区路程。

（6）接受她不爱学习，我帮她做她来不及完成的重复性的作业，以免被老师批评。

（7）换掉她不喜欢的严格严厉的 A 偏 B 阿姨，换成温柔有爱的 B 偏 C 阿姨。

（8）总之接受她的一切要求……（当然，小孩子也真的没有太多要求）

这样坚持着，有一年时间了。

那现在我们的关系如何了呢？

（1）我们不再吵架了。

（2）她没有了先前暴躁的脾气。

（3）她终于可以按时完成作业，虽然需要阿姨或是我陪同完成。

（4）她甜腻温柔听话懂事了。

（5）学习不太喜欢的钢琴，也能慢慢开始坚持。

（6）给点鼓励和夸奖，就会认真开心地做家务了：擦地，刷马桶，洗碗。

（7）每天坚持早睡早起，自己穿衣，洗漱，早餐，上学……

我现在认识到，其实，她就是一个正常的孩子，虽然不是特别优秀，但我真地相信，顺着她的天性培养，接纳她的天性需

不同天性的教育案例

求，给她足够的爱和关怀，给她肯定和欣赏，她会更加自信，慢慢长成一个优秀、善良的孩子，当然也会独立自主，具有自己独特的人格魅力，她的成长方式不会和我一样，但她肯定会比我更加优秀。

（案例提供：深圳　陈衡）

D 天性 "老妈，你够哥们儿！"

人群中的我是个沉默寡言、安静随和的人，只对自己要求高，对别人要求不多。生活和工作中大多数事情都会按照一定的时间节点，有条不紊地进行，这些已经成为我的习惯。稳重、勤奋、踏实、不善变通是身边的人对我的评价。

我在孩子 8 个月大的时候回去上班，孩子多是由外婆带，一切由着孩子的性子，想干嘛就干嘛，我多是周六周日陪他玩，基本没有冲突。每晚睡前给孩子讲故事，感觉这小子特别喜欢提问题，往往我用来回答和讨论的时间比讲故事都长，我常常惊叹于这孩子丰富的想象力，能够提出各种稀奇古怪的问题，可以把一些故事按照自己的想象演绎得更加精彩，跟我小的时候完全不一样。

但是，随着孩子渐渐长大，我眼中孩子的问题也慢慢变多。例如出去玩时，没有一次能和你手牵手好好走，不是跑就是跳，再不然就挂在你身上；不能摸的要摸，不能爬的要爬，这边叫着别摸别摸，那边又开始往上爬；一会儿不肯走，一会儿跑得没影，你这会儿还在催着快走快走，转眼人就不见了。提心吊胆的，常常吓得我心一下子窜到嗓子眼儿。找到了当然一顿狠批，可是看着孩子眼泪汪汪的样子，我又立刻后悔自己太呆板、太严厉。

记得孩子 3 岁多的时候，为了培养孩子的定力和耐心，我教孩子念《三字经》和《论语》。开始孩子觉得好玩，念了几天，后面就再也不肯念了。我当然不喜欢虎头蛇尾，于是，一个狠逼，一个坚决不念，矛盾闹了很久。

上了幼儿园不守纪律，不好好吃饭睡觉，老师找我谈话反映情况，我回来问孩子，孩子回我说："在幼儿园里天天都一样，没意思。"结果当然是被我一通批评，因为在我看来，上幼儿园就是这样，其他孩子能做到的，为何你就不行呢？

我是多羡慕那些有听话乖巧孩子的家长呀！我这个从小很自觉、长大守纪律的人，怎么有了这么个不听话不守规矩的孩子呢？一直以来对他的说教也不少啊，为何看不到效果呢？苦恼的我，买来很多育儿的书看，还是没有头绪。

刚上小学的时候，他上课老走神，回来经常不知道作业，我只好边埋怨边给同学家长打电话问。好不容易做完了，他又不愿意收拾书包；丢三落四的毛病更让人头疼，不是丢水杯、文具，就是丢红领巾、校服；问他在学校的情况，一概回答："不知道、我忘了！"我这恼火呦……我再一次试图在各种教育书籍里寻找解决方法，但是，读多少书，都没能帮我培养出一个能听话守规矩的孩子，也无法从根本上改变我与孩子的紧张对立关系。那段时间，我的感受全是焦虑、焦虑、焦虑……

直到有一天我看到了"不一样的天性，不一样的教育"的视频，遇到了一群明白天性的人，我眼前的混乱才终于开始沉淀了。天性，让我明白每个孩子都有他自己的优点和强项，同时也有自己的弱点和短处。家长所要做的，并不是按照自己的心意去改造孩子，而应该认识和了解自己的孩子，帮助他把优点提升为更优，长处扩展到更长。随着孩子逐渐长大，他的优点和长处会熠熠生辉，足以掩盖他的弱点和短处。

经过一段时间的深入学习和思考，我了解了自己是个 B 天性的人，规范有序重细节，不喜变化，没啥想象力。而我的孩子是个 D 天性的人，随性，不拘小节、喜欢宽松舒适的环境，几乎没有秩序感；想象力丰富，乐意尝试新鲜事物，主意多，不喜重复。天性是无法改变的，想让孩子快乐成长且充满自信，只有我去主动适应他，而不能让他削足适履来迁就我的教育方法，我必须改变自己，用顺应天性的方法去对待他。

我是这么做的：接受他的自由散漫，粗心随意，房间乱了帮他收拾，课本书包帮他整理，一边收拾一边夸他今天的作业字写得还不错。孩子洋洋得意："这些都是小菜！"

接受他不喜重复，尤其是重复性的作业，只要是孩子会做的作业，我直接代劳。孩子开心了："老妈，你够哥们儿！"

接受他兴趣点转移快，乐于尝试新鲜事物，今天玩这个，明天改玩别的，不唠叨，支持他，陪他一起玩，跟他一起疯，偶尔再给他提点建设性的意见。孩子很兴奋："老妈，没想到你也有牛掰的时候！"

接受他经常抱怨学校的种种无趣，斥责教条的学习生活，与他一起讽刺嘲笑某种现象或某人的可笑行为。孩子一脸诧异："老妈，你要不要这么搞笑？"

接受他不愿意去上兴趣班，因为我们眼中的兴趣班并非他真正的兴趣所在。孩子感激地说："老妈，你对我真好！"

随着时间的推移，面对孩子的我一边克服自己的规范和保守，一边努力接受他的种种劣势，竭力给他创造宽松自由的环境。

快一年了，看看我们现在的关系变化：

你的蜜糖
他的毒药

我们不再有冲突，大呼小叫、强词夺理的情况几乎没有了，孩子愿意主动跟我聊天，不管是玩游戏的体会，还是校内校外遇到的各种事情，每晚睡前的聊天是我们最幸福的亲子时光。

他变得通情达理，不再急躁，会主动跟人打招呼，看见身边的亲人不舒服不开心，会主动关心安慰。给他提的建议、要求，他能慢慢接受并开始逐渐做到。

每天放学回来，基本不会因玩游戏和看课外书耽误写作业，效率明显提高，成绩稳中有升。

与大小朋友在一起，很快就可以融入其中，能给大朋友讲笑话把他们逗笑，能得心应手、游刃有余地带领小朋友一起玩游戏。

对自己喜欢的遥控模型等各种玩具和游戏，深入研究、刻苦练习，与玩友们交流时显示出较高水平，还拿到了全国比赛的奖牌。

通过天性的学习、实践和体会，我觉得其实每个孩子都一样，一样的可爱，一样的纯真，一样有着专属自己的优良品质，自身都潜藏着巨大的能量。关键是家长，要用正确的、适合孩子的方法去培养、去激发、去鼓励。

现在的我很自信，我坚信只要能够让我家这个 D 天性的孩子在一个宽松、自在、被欣赏的环境中快乐成长，用顺应他天性的方法引导他，激励出他天生的禀赋特点，他长大后一定能够在自己擅长的领域里自信满满、怡然自得地幸福生活！

（案例提供：南京　恒妈）

你的蜜糖
他的毒药

附：泡爸 18 分钟
视频演讲全文

泡爸于听道讲坛的 18 分钟演讲视频，截至 2019 年 8 月，在腾讯视频的点击数达到了 580 万（关注微信公众号"顺应天性"，可在公众号菜单中观看视频）。以下为演讲全文。

不一样的天性　不一样的教育

李开复有一条著名的微博，叫作"给家庭教育的八条建议"，这条微博被转发 3 万 8 千多次。不仅仅是这条微博，李开复宽松宽容的教育观，已经成为公认的教育圣经。

今天，在这个场合，我要对各位说，这种宽松宽容的教育观，对一半的孩子而言，的确非常有价值。但是，如果所有的家长都这么想，另一半孩子，就被害了。

为什么？让我从两个不一样的孩子讲起。

我叫泡爸，因为我女儿叫泡泡。泡泡是一个孙悟空式的孩子，思维活跃，爱玩。学知识，只喜欢生动有趣的。为了满足她，我把中国历史、中国地理、唐诗宋词，各种百科知识，包括霍金的《时间简史》，全都改编成了可以用聊天语气讲出来，又能让孩子觉得好玩的形式，一本一本讲给她听。那些亲子阅读的回忆，很幸福。

有幸福，也有不幸福。

泡泡这样的孩子，优点很明显，自由灵动、有想法有创意。

你的蜜糖
他的毒药

认识禀赋天性的差异，做聪明的家长

她的毛病同样明显，没规矩、没耐心，服从性很差。

比如画画，泡泡画画，很有灵气。我那些书的插图，都是泡泡画的。但画画班的老师也说，这孩子不精细、毛糙。可是，你要让她改，让她重画，她会立刻扔了笔，冲你发脾气：这么烦，我不画啦。我为什么要会画画，我不会画画多好啊。

从小到大，她的各种毛病，向来难改。别的孩子轻轻松松就能守的规矩，她死活做不到，还态度特别差，一说就跳脚。

这些问题，让我很崩溃。还有一个人，比我更崩溃，她叫泡妈。因为，泡妈是一个仔细认真，讲规矩、重程序的人。

泡妈梦想中的女儿，是一个叫陶陶的孩子。那孩子，规矩听话，家长安排做什么，向来轻松接受。学习上更是认认真真、踏实努力。

可是，有一天，陶陶的妈妈却对泡妈说，别看这孩子学习努力，其实，她是心里紧张，特别怕考不好。虽然安排啥她都干，可她真没有哪一项发自内心的兴趣爱好。没什么创意，又特别在乎别人的眼光。还是泡泡好呀，爱看书、又爱画画，还有那么多主意，活得自由放松，多好！

这时，我听到哗啦一声，那是泡妈脑子里梦想破碎的声音。

两个孩子的反差，引发了我的思考。第一，为什么她俩有这么大的不同？是后天教育导致的嘛？好像不是。第二，所谓因材施教，对她俩的教育方式也应该不一样，那么，有没有规律可循？

这时候，一个叫"全脑优势"的理论帮助了我。

顺便说一下，我的人生，曾经有 9 年的时间，在扮演一家公关公司的老板。"全脑优势"我在工作中用过，它讲的是企业管理，跟教育一毛钱关系也没有。不过，理论的创建者，奈德·赫曼博士做了一件非常有启发性的事。基于大量的统计研究，他告诉我们，人的大脑，有不同的思维偏好。也就是说，受思维偏好的影响，每个人的天赋禀性、优势劣势是不一样的。

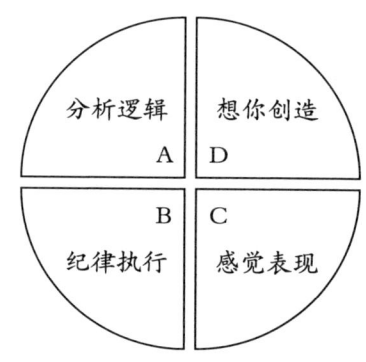

简单一点，就是这张图。

有人擅长分析逻辑、有人擅长纪律执行、有人强在感觉表现、有人强在想象创造。

感谢赫曼博士。当我从思维偏好的角度观察孩子，我突然间，豁然开朗。

我很幸运，身边有足够多的观测样本。泡泡有很多朋友，我也很受孩子们的欢迎。有一件事，我经常拿出来嘚瑟。曾经有一天，我在小区门口出现，旁边一群孩子，看到我，因为喜欢我嘛，齐声高喊：泡爸。他们呼啦啦冲过来，把我团团抱住。泡泡跑得慢，没挤进来，站在外边委屈地喊：那是我爸爸。

嘚瑟完了，再来讲思维偏好。随着我的观察研究越来越深入，我发现，赫曼博士也没什么了不起。他对思维偏好的分类，在中国，几百年前就有人做了。这个人，叫吴承恩。

为什么唐僧坚强坚定？因为，他属于左上脑，逻辑型。这样的人，有头脑、学习能力强，有竞争心。牛顿也是这类人，大多数科学家、理论工作者都属于这个象限，包括你身边那个爱打牌爱争论爱讲大道理的家伙。

沙僧规矩听话，他属于左下脑，纪律型。这样的人，严谨务实、重细节、执行力强。孔子、周恩来都是这类人。喜欢动手，爱玩摄影，做家务必须一口气干完，看电视剧不管好不好看，看了就得看完的人，都是 B 象限。

猪八戒属于右下脑，表现型，戴安娜王妃、大多数表演者都属于这一类，那些情感丰富、有点八卦的人，都是 C。他们讨厌数学、讨厌逻辑，轻微或深度路痴。他们不喜欢竞争，你永远找不到酷爱打牌的 C 象限人。他们还有认亲不认理的特点，所以，他也是最讲义气的朋友，遇到事情，可以无条件挺你。这一点，

A 象限人做不到。A 象限的家伙，认理不认亲，你跟唐僧牛顿诉个苦，他表面上同情你，心里想的却是，可怜之人必有可恨之处。

孙悟空属于右上脑，创造型，李白、马云都是这一类，你身边那个喜欢胡思乱想，满脑子新鲜主意，天马行空的家伙，也是。B 象限人最恨他们，因为他们常常挑战 B 象限人的规矩、流程。B 象限人也最爱他们，因为他们有 B 象限人最缺的活力、创造力。

为什么《西游记》经久不衰？因为它写出了四种典型的人性，每个人都能从中找到自己。

通常，我讲到这里，会有四分之三的人，判断出自己属于哪一类。在座各位，没判断出来的，愿意举一下手吗？谢谢，我可以负责任地说，刚才举手的人，绝大多数是 C 脑，"猪八戒"（注：这里是泡爸演讲时开玩笑的哈，别当真）。这种逻辑分析的事，你们最不在行。不过，正因为逻辑分析不在行，你们才拥有一系列优点，比如温暖关爱、富有同情心。

如何更准确地判断思维偏好，我在刚完成的这本亲子教育书里，有详细的说明。

写这本书的过程，我想明白了很多问题。

家长有思维偏好，孩子也一样。

你的蜜糖
他的毒药

中国有句古话，"七岁看老"，这句话博大精深。它的基础，正是对禀赋差异的认知。心理学认为，7~12岁，是一个孩子展露天性、建立自信最重要的阶段。

一个唐僧式的家长，摊上一个猪八戒式的孩子，他一定觉得这个孩子缺乏上进心、竞争心，不够勇敢。

同样，一个猪八戒式的家长，有个唐僧式的孩子，他一定觉得这孩子爱较劲、认死理、没眼色。

大多数家长，这时候会想，得补短、得纠偏。胆量不够练胆量，情商不够补情商。

然而，补短纠偏，正是中式教育最大的问题。因为，补短项，必然抑制长项。补短纠偏的教育，制造平庸、打击自信。

无论怎样强调细节规范，孙悟空也不可能像沙僧一样严谨；猪八戒再怎么努力，也做不到跟唐僧一样坚定坚强。

但是，孙悟空有孙悟空的强项，猪八戒有猪八戒的优势。只要优势和强项能够得到发挥，他们都会拥有属于自己的人生。

很多成年人，没有找到内心的安宁，没有取得预期的成功，往往认为，原因在于自己的毛病缺点。实际上，比我们成功的人，毛病缺点都比我们大。我们的问题，反而在于，总想遮掩自己的缺点劣势，以至于抑制了优点优势的发挥。这种思想的根

附：泡爸18分钟视频演讲全文

源，正是补短式的教育。

一个孩子，他的缺点和劣势，很多是由思维偏好造成的。那是他的痛，不是他的错。这个痛，会伤到别人，同时，也在伤他自己。

上天是公平的，任何缺点和劣势，都对应着优点和优势。找出来，顺应天性，顺势培养，才能展现生命的价值。

从沟通的角度。

孙悟空那样的孩子，你必须宽松待他，因为想象和创造需要试错、需要自由空间。

猪八戒那样的孩子，你必须对他宽容，千万不能生硬地逼他，因为他重感情。感觉不到你的爱，他会很受伤。压力太大，扛不住的话，他会靠撒谎解决。

但是，宽松宽容式的教育，并不适合所有的孩子。

唐僧那样的人，有目标才有动力，有动力才有成绩，有成绩才有快乐。没有成就的人生，他接受不了。

沙僧那样的人，天生钟情于纪律和规范，这是他的乐趣。养一个这样的孩子，必须给他规矩和权威，没有这些，他反而会无所适从。更重要的是，你必须以身作则、成为榜样，否则，他会看不上你这个家长。

你的蜜糖
他的毒药

认识禀赋天性的差异，做聪明的家长

从培养的角度。

不同的孩子，应该培养不同的兴趣爱好。顺应天性的培养，发挥优势、强化自信。

大家想不想知道，你的大学专业，选得对不对？思维偏好可以给你答案。概括地说，唐僧适合学理科，沙僧适合学工科，猪八戒最好学文科，孙悟空应该去学艺术。

从人际和关系的角度。

亲子或上下级关系，象限相同更容易理解。你想让他做的，他都按照你的意思做了。通常，爸爸懂女儿、妈妈懂儿子。正是因为他们的象限重合度高。

但平等的关系，则需要对立象限。每个人都需要一个对立象限的朋友，因为，他能从相反的角度，又站在你的利益上，提醒你、帮助你。

爱人，更需要对立象限。因为，爱情是一种补缺。

象限相同的异性，长期一起生活非常困难。因为，你在他身上看到的，尽是自己的缺点，没办法长期欣赏他。象限相反的异性，你开始或许不接受他，甚至讨厌他，因为他的做事方式总是跟你不一样。但是，爱上一个跟你不一样的人，而且变得离不开他，那才是真的爱情。

思维偏好还可以让遇到恋爱困惑的人，明白一个至关重要的道理。你的爱人，如果你要求他必须有某种优点，那么，你也就必须接受与之对应的缺点，那可能是死也改不掉的毛病。

教育也一样，我曾看到，有人极力要把孙悟空式的女儿培养成大家闺秀，因为他觉得女孩必须如此；我也曾看到，有人坚决要把猪八戒式的儿子锻炼成传统观念里所谓顶天立地的男子汉，因为他觉得男孩就得那样。

可是，这种逆向教育，带给孩子的，只能是纠结、压抑的人生。

在那本亲子教育书里，我明确建议，家里有一个 D 象限孩子，一定要多看李开复的微博。但是，教育，不能只站自己的山头。

借这个机会，我要特别表达对泡妈的敬意，读懂思维偏好之后，她开始在泡泡的教育上，努力改变自我。我看得到，这件事很不容易。

通常，人生有三个自我改变的理由，其一，为了事业；其二，为了爱情；其三，为了孩子。

前两个还好，如果考验过于惨烈，你可以选择更换对象，甚至可以选择放弃。然而养孩子，没有回头路。

面对没有反抗能力的孩子，一个家长，愿意接受思想的震荡，愿意主动适应孩子。在我看来，这是一种极致的心灵体验。它的意义和价值，超过宗教信仰，超过任何思想、主义。

有些事情，唐僧做到没什么了不起，猪八戒做到才是真牛；有些坚持，沙僧做了没什么大不了，孙悟空做了才值得尊敬。因为，其中含有违抗天性也要坚定付出的爱和奉献。

终有一天，我们会认识到，所谓成功，不过是身外之物；所谓爱情，最终都会变成亲情；再深情的养育，也会变得如龙应台所说，成为对他背影的目送。

然而，正是这种过程的体验，正是这种坚定的付出，为我们带来了激荡人心的感受和领悟。这些感受和领悟，大概正是人生的意义和价值吧。

谢谢大家。

欢迎继续阅读本书续篇泡爸著作《天性》，你将了解：

（1）天性的遗传规律；

（2）天性、性格和教育的因果关系规律；

（3）因"逆天性教育"导致性格出现问题的孩子和成年人，如何"转正"。